ザ・就活ライティング

20歳からの文章塾

ザ・就活ライティング

20歳からの文章塾

黒澤 晃
Akira Kurosawa

はじめまして。黒澤です。
就活生や転職希望の若いみなさんに文章が上手になるコツを教えています。
少人数で、ひとりひとりの文章にアドバイスをしています。
文章塾は、黒澤塾とも呼ばれ、なかなか好評なんですよ。

自己紹介の前に、まず、次の文章を見てもらいましょう。

実際に文章塾で書かれたものを参考にした、3つの文章です。
さて、あなたは、どう思いますか。

自己PR文です。

例①

「あなたの自己PRをお書きください。」(400文字以内)

> 私の強みは、どんな事態になっても、慌てず対処できることです。「忙がばまわれ」が座右の銘です。私は商店街Aの野外イベントをやっている時、「忙がばまわれ」の大事さに気付かされました。イベントは夏の土日に開催され、私は実行委員でした。前日、立て込みをしていると、他の実行委員が「明日、雷雨注意報が出た!」と慌てていました。テントが雨の重みに耐えられるかどうか、幼児やお年寄りに傘の用意はしなくていいのか、雷が落ちたらどこに届け出をしたらいいのか、など、問題が山積みです。私はみんなに落ち着こうと言いました。集まって、どんなことが起きるのか、書き出してみようと言いました。すぐ対処する、ではなく、まずは考えてみる。そして、そのイベントは案の状、雷雨が来て1時間ほど中断しましたが、スムーズにイベントを進められ、成功に終わりました。私は社会に出ても、感覚や反射神経だけで仕事をせずに、よく考えて仕事をしたいと考えています。「忙がばまわれ」を肝に命じながら。

＊Aには実際の地名が入ります。

次に、作文です。

例②

「あなたの好きな街を教えてください。また、その理由も教えてください。」(400文字以内)

私の好きな街は、ニューヨークです。ずっと憧れていましたが、この夏、短期留学をしてその素晴らしさを実感しました。エンパイヤーステートビルやクライスラービルを仰ぎながら、ブロードウエイを歩きました。そして、おいしいレストランや本場のミュージカルに感動しまくりでした。5番街のステータスっぽさも好きですが、セントラルパークのゆったりとした感じも好きです。ニューヨーク近代美術館では、教科書でしか会えなかった名画に次々と会えました。何から何まで想像以上でした。私は、ニューヨークの魅力は、エネルギーだと思いました。いろんな人種の人がいて活気を生み出しています。それは日本にはないものではないでしょうか。

同じく、作文です。

例③

「あなたの好きな街を教えてください。また、その理由も教えてください。」(400文字以内)

> 僕が好きな街は、「渋谷」です。学校が近くにあったので、よく友達と遊びました。たくさんの思い出が連なっています。いろんなお店で遊ぶのもいいのですが、渋谷の坂道の多いのが好きで、いろいろな坂道を友達と探索しました。坂道にはそれぞれ独特の表情があり、飽きることがありませんし、いろんな発見があります。渋谷と言えば、若者の街、若者のカルチャーの震源地と言われますが、実は、地形も起伏があって、魅力的です。いつ行っても、いろいろな新しい発見があり、充電できる街。それが渋谷で、僕が大好きな街です。

さて。あなたはどう思ったでしょうか。

　例①には、誤記があります。しかも、致命的なのはその誤記が、この自己PRのキーエッセンスに使われていることです。「忙がばまわれ」は、「急がばまわれ」が正です。家で書く文書を、僕は「在宅書き」と呼んでいますが、在宅書きにあってはならないミスです。かなり良く書けているのに痛い不注意です。
　就活では、多くの学生が20以上の企業に自己PRを提出しているでしょう。しかも、自己PRの80％はコピペのケースが多いと聞きます。ということは、この誤記はすべての希望就職先に拡散されたことになります。

　例②。おそらくこれでは、次のステップまで進めないと思わせる作文です。なぜでしょうか。
「その人らしい発見」がなんにもないからです。実際にニューヨークに行かず、ネットで調べて書いてもこのくらいは書けるでしょう。どうしてその街が好きなのか、といういちばん大切な設問に面と向かって答えているとは思えません。この手の突っ込みが甘い作文は、実は数多く見られるものです。

　例③。幼稚な印象を与える文章です。なんと言っても、言葉が重複していることで、文章にムダが多く、知的な印象を与えません。「いろんな」「いろいろな」のだぶりは特に気になります。それと、同じことを繰り返し書いているので、他に書くことはないの？と突っ込みたくなります。「思い出が連なる」もあやし

い表現です。

　そして、さらに、なんと言っても文字数が不足しています（243文字）。採点官によっては、「この人、熱意が足らない！」と思うことでしょう。

さて、あなたの文章は大丈夫でしょうか？

**社会のドアをたたくための文章は、
大学生レベルではなく、
社会人レベルでなくてはなりません。
そのことをまず考えてほしい、
そして危機感を持ってほしいと思います。**

**あなたの就活において、
文章力は結果に直結するのです。**

ザ・就活ライティング
20歳からの文章塾
contents

- 2　はじめのはじめ（3つの文章）
- 12　はじめに

PART 1　文章力は未来をひらく最重要スキルです。　15

- その1　文章を書かないで育つ多くの日本人。　16
- その2　問題点は、書き方のお手本がない。正解がないこと。　19
- その3　「文章力がある」は「文章がうまい」こと、ではありません。　21
- その4　「読むチカラ」が、「書くチカラ」になります。　25
- その5　採用の場で、なぜ、文章を書かせるのか、を改めて考えてみる。　29

採用官のこころの言葉　33

文章塾 その1

PART 2 作文は、「あなたの発見」を書こう。 35

第1条　80％は埋めろ。 ----- 39
第2条　誤記は、命取りになる。 ----- 40
第3条　あなたならでは、の視点を書け。 ----- 41
第4条　キャッチコピーを入れろ。 ----- 47
第5条　若者しかわからない言葉は使うな。 ----- 49
第6条　忙しい採点官に敬意を感じろ。 ----- 51
第7条　1位をとりにいけ。 ----- 53
第8条　もっともっと文章を書く練習をしろ。 ----- 55

採用官のこころの言葉 ----- 58

PART 3

文章塾 その2

自己PRは、「私ってどんな人間?」への答え。 59

- 第1条 徹底的に客観的に、自分をマーケティングしよう。 63
  - コンピテンシーのふたつの図 69
- 第2条 エピソードが小さくても、大きく感じることが大切。 72
- 第3条 安心を求めて、ひな形に頼ってはいけない。 76
- 第4条 言いたいことは、整理整頓すること。 79
- 第5条 読み手はプロだ。嘘を書くとあとで困る。 84

採用官のこころの言葉 86

PART 4

文章塾 その3

小論文は、「説得より、共感」。 87

- ポイント1 書きながら考えてはいけない。考えてから書くこと。 90
- ポイント2 結論、ありき。そこが起点になる。 94
- ポイント3 起承転結を正しく理解する。 97
- ポイント4 自分の考えで説き伏せるのではなく、共感してもらう。 102

採用官のこころの言葉 105

PART 5 文章塾 その4
評価が高かった作文をご紹介します。107

採用官のこころの言葉 ----- 113

PART 6 文章塾 その5
マスコミ志望者は、対策を怠ったら、負け。115

採用官のこころの言葉 ----- 120

PART 7 座談会
就活奮闘中の、文章塾の経験者に聞きました。 122

172　おわりに

文章塾特別付録

これだけ押さえれば、うまくいく。

解決！文章の8つの悩み

130

はじめに

　自己紹介をしましょう。
　僕は、博報堂に入社して、ずっとコピーライターとして仕事をしてきました。入社当時（24歳）は、まだPCなんてものはなくて、紙と鉛筆と消しゴムを使っていました。自分の手で書き、自分の手で消し、自分の頭で答えを手探りする。そんな時代でした。
　とにかく書くこと、考えることが山のようにあって、それがストレスでもあり、やり甲斐でもあり。必死に前を向き続ける毎日でした。
　たくさん書きました。キャッチフレーズだけでなく、膨大な文字数のカタログとか、ラジオCMの原稿とか、宣伝部長さんのイベントの挨拶文とか、もういろいろです。
　見えない相手にどう伝わるか、を考えながら悪戦苦闘し、やがて伝わるコツを身につけてゆきました。ですから、「コミュニケーションの武器としての文章スキル」というのが、僕のファーストステップになります。
　そののち、博報堂でクリエイティブディレクターというポジションになりました。広告クリエイティブの全体の方向性を決定し、数多くのスタッフを動かし、社会的視点に基づいたムーブメントをつくってゆくのが仕事です。ま、話をすると長くなりますので、さらっと言うと、映画でいうところの監督みたいなものになったわけです。

そして、次のキャリアが、なぜ僕がこの本を書いているのか、の理由になります。それは、現場から離れて、クリエイティブマネージメントを手がけるようになったこと、そこで人事・採用・育成のプロフェッショナルとして修練を積んだこと、です。
　採用に関しては、多くの就活生の志望動機や自己PRや作文・論文を見ました。およそ10年間ですから、相当数の文章を目にし、評価をしてきたことになります。
「文章からその人の能力や人間性を読み解くスキル」というのが、僕のセカンドステップになると思います。

　入社決定までには、学力試験や面接やグループワークなど学生の能力を見極めるステップはありますが、ES（エントリーシート）、とりわけ志望動機・自己PR、作文・論文は、大きな比重を持ちます。
　なぜでしょうか。それは僕の経験から言えば、文章とは、その人そのもの、だからです。考えるチカラ、伝えるチカラ、感じるチカラ、優れた社会人として必要なすべてがそこに入っているからです。文章を見たあとに、その人と面接などでお会いした時、文章の印象とほぼいっしょだなぁ、といつも思いました。まさに、文章は人なり、です。
　そして、何よりもこの本を書くきっかけになった思いがあります。それは、文章力を磨いていない学生があまりにも多いこと！　能力があるのに、あまりにももったいない人が多いこと！修練を積めば、必ずや文章の神様はあなたにほほ笑むのに！マインドを変えようよ、今すぐにでも！

そんなあなたのために、僕のスキルのありったけを込めたのが、この本です。たくさん書いてきた経験と、たくさん読んできた経験、のふたつが活かされています。
　それでは、話を始めましょう。黒澤塾を再現するようなカタチで進めてゆきます。

　あ、それからもうひとつ。この本は就活だけでなく、日頃から文章を書くことに奮闘しているビジネスパーソンにも「使える」内容になっています。特に、付録につけた、「解決！ 文章の8つの悩み」はかなりお役に立つと思っています。

　さ、スタートです。

PART 1

文章力は未来をひらく最重要スキルです。

その1 文章を書かないで育つ多くの日本人。

「三多の法」という教えがあります。宋の時代の欧陽脩が唱えました。政治家であり、名文家でもあったので、今で言えば、ビジネスパーソン、かつ、ライターだったのでしょう。

文章が上手に書けるようになるには、3つのことをたくさんやればいい、ただそれだけだよ、と言うのです。ひとつめは、「多く読む」。ふたつめは、「多く書く」。3つめは、「多く考える」です。基本的ですが、核心をついていますね、おそらく。

振り返って、現代の日本の僕たちはどうでしょうか。実は、メールの日常化による文章のやりとり、SNSでのコメント・つぶやき、などなど、はっきり言って昔より読み書きの機会は増えてきていますね。もちろん、それに合わせて、「多く考える」機会も増えてきていると思います。つまり、「三多の法」を僕たちはかなり行っているとも言えます。

それでは、なぜ、「ちゃんとした文章」を書くのが苦手、表現力がない、と多くの人が感じているのでしょうか。

僕は日本の学校教育・家庭教育に大きな問題があると思っています。

大学生に文章塾で質問を時々します。「ねぇ、文章を書く訓

PART 1 文章力は未来をひらく最重要スキルです。

練を受けたことがある？」。多くの彼ら・彼女らは、「ほとんどありません」と即答します。読書感想文や日記などは、先生や親により書かせられたことはありますけど……。

　そう、多くの日本人は、日本語で、そこそこの分量の文章を書くことをせずに、大人になってしまうのです。書く技術の習得まではとてもいたりません。

　そして、たぶん、あなたもそのひとりではないでしょうか。

　大学教育において、レポートや企画書を書かせる授業も増えてきてはいます。でも、「出せば単位がもらえるので、中身を真剣に吟味したことはないです」と言う学生も多くいます。

　文章を書くレベルには、次の3つのステージがあります。
①は、間違いなく書ける。
②は、伝えたいことが書ける。
③は、相手を動かすように書ける。

　日本語としてのルールを守り、文章の意味が混乱なく書かれている。それが①のステージです。

　②は、①にプラスして、「伝えたいこと」に明確にフォーカスできている。読み手に、「ああ、この人はこういうことを伝えたいんだな」と思ってもらえる。そういうステージです。

　③は、①②にプラスして、「あなたの言いたいことに共感した。なるほど！」と思わせられる、読み手を行動化できるステージです。

実は、③まで到達している人は世の中にそれほど多くありません。20人にひとりくらいだと思います。ちなみに、ビジネスの場で③の人は、確実に「できる人」という評価を受けているはずです。

　大学生の平均ステージについては、そうですね、②のまんなかよりやや低いくらいでしょうか。経験値ですが。

　就活では、相手に「伝わる」だけでなく、相手を「動かす」ことが求められます。数多くの入社希望者のなかで、きらりと光る存在。

「この人、いい！」になるためには、やはり③を目指すべきです。

　ちなみに、①まで行ってない大学生もかなりいます。自分が今、どのステージにいるか、それを見極めるためにも、まず書いてみて、文章のプロにチェックしてもらうことが早急に必要です。

書けない自分を放っておいてはいけません。そのマインドをまず、変えましょう。

　大丈夫。日本語の文章をちゃんと書いた経験がないのですから、今今、書けなくても仕方がないのです。この本が、③のステージへと向かう動力を与えてくれるでしょう。

その2 問題点は、書き方のお手本がない。正解がないこと。

　小説やエッセイなどの文章とは違い、入社試験のES（エントリーシート）は世にほとんど出ません。マニュアル本などには、数例のっていたりはします。世に出すことが目的ではないので、ま、当たり前の話ではあります。非公開が原則です。これぞ、自己PRの傑作だ！というような文章は、存在はしていても知ることはできないのです。

　もうひとつ。ESなどの文章問題には、正解がないことも大きな特長です。正解がない、のは、なぜか。それは、あなたの「学力」を問うているのではなく、あなたの「人間力」を問うているからです。

　人間力に正解はありません。ひとりひとりが、素晴らしい人間力を持って生まれてきているはずですから。ポイントは、その人間力を、あなたが掘り下げて考え、努力して伸ばし、そして、その輝きを他人に伝えることができるかどうか、なのです。

　お手本がない。正解がない。すごく不安です。と、大学生のみなさんは言います。いわば、羅針盤がない航海。ナビのない待ち合せ。「今のあなたたちは、お手本を求め過ぎですよ。そして、それをコピペし過ぎですよ」と僕は返します。マニュア

ル通りに書くということは、あなたの人間力が他人の人間力と同じレベルになってしまうということですよ。

　実は、僕の文章塾で自己PR文を書いてもらったところ、**書き出しの文型が、なんと7割から8割、同じでした**。「私の強みは……」「私の強みは……」「私の強みは……」の連続。そう、売れているマニュアル本の書き出しを、そのまま転用しているのです。ひな形＆コピー主義は、即やめましょう。

　自分で考えてください。そして、自分だけのオリジナルをつくるんだくらいの気概を持ってください。そういう人の文章に会うと、よく澄んだ水のなかに手をいれたように、新鮮な印象を持ちます。はっきり差がつきます。

　この人は、自分で物事を考えられる人なんだなぁ、と。数多くの自己PRや論文・作文を見てきた私の経験から、それは確実に言えることです。

　自分の大切な未来を決めるのですから、自分で考え、自分の思いを込めて、自分らしく書きましょう。

その3 「文章力がある」は「文章がうまい」こと、ではありません。

　次に、文章力とは、何か。その定義をしておきましょう。文章力とは、

ある目的をかなえるために、
書き手が的確に伝えることで、
読み手に伝わり、
読み手を動かすチカラ

です。

　大切なことなので、しっかりメモを取っておいてください。「目的」→「伝える」→「伝わる」→「動かす」。この一連の作用がスムーズに行われることが、文章力がある、ということになります。
　実は、この4つの作用がひとつでも欠けると、うまくいきません。
　文章のテクニックがある、言葉の使い方が上手、といった、一般に言われる「文章がうまい」は、主に「伝える」「伝わる」の作用にかかわる部分になります。だから、文章がうまいのは、文章力がある、の一部分ということになります。もちろん、き

わめて大切なスキルではありますが。

みなさんがいちばん間違えやすいのは、「目的」の部分です。
社会人になると、文書にはいろいろな種類があり、目的は何なのか、を考慮しないと書けません。誰宛なのか、どの組織宛なのか、でもまるで違ってきます。しかし、大学ではほとんどが学内の誰か、とりわけ先生に提出することが多いので、「目的」をつい意識しません。

実は、先ほどの、400字の作文「あなたの好きな街を教えてください。また、その理由も教えてください。」には、ある罠があります。どんな罠なのでしょう。考えてみてください。

それは、出題の重きが、「その理由を教えてください。」のほうにあるということです。はっきり言えば、渋谷が好きだろうが、ニューヨークが好きだろうが、富士山が好きだろうが、関係ないのです。なぜ好きなのか、その理由をちゃんと説明できるか、その説明が読み手を納得させることができるか、がポイントなのです。

社会人になると、自分や自分のチームが考えたことを、説明し、納得させなければいけないシーンが数多く生まれます。「僕はそう思います」では単なる感想・意見に過ぎず、社内社外の相手は、うなずいてくれません。

「目的」という的を正確に捉えた人は、「好きな理由」をきち

んと考え、文章の流れのなかに重きを持って位置づけます。そうでない人は、「僕は、さぁ、○○という街が大好きでさ。よく行くんです。あそこも、あそこも、魅力的で……」とガイドブックのような文章を書くことになります。

　それでは、目的をちゃんと捉えるにはどうしたらいいか。そこですね。ずばり、言います。せっかくだから、言わせてください（笑）。
　それは、

HOWよりも、WHYから考える習慣をつけることです。
問いに対してどうやって書こうか、ではなく、
なぜその問いなのかを考えることです。

「〜について書きなさい」と言われた時、早速、ネット検索をします。マニュアル本を見ます。うまく、楽に、早く、解を出そうとします。あなたもそのHOWタイプかもしれません。
　ところが、WHYタイプは、なぜ、このような問題にしたのか、私の何を見たいと思っているのか、と発想します。いわゆる根っ子発想です。表層的VS根源的と言い換えてもいいかもしれません。結果は明快で、後者のほうが優れた解を見つけ出します。たとえ、回り道で、苦労が多く、時間がかかってしまっても、です。
「人々の胸をときめかせ、鼓舞することに成功した個人や組織

がとってきた行動のパターン。……それらはすべてWHYから始まっている」とTEDで多くの賛同を得たサイモン・シネックも言っています。

そして、「伝える」「伝わる」「動かす」。これはもうびっくりするくらい大変なことで、コミュニケーションの本質そのものです。

学術的な本を始め、多種多様なメソッドが世の中に紹介されています。この本では、就活時に出そうな例を参考に見てゆくことにします。実際に即して、見てゆこうというスタンスです。広告業界で30年以上、コミュニケーションの現場で格闘してきた僕の経験をベースにしながら、話してゆきましょう。

PART 1　文章力は未来をひらく最重要スキルです。

その4 「読むチカラ」が、「書くチカラ」になります。

　質問です。読書時間ゼロの大学生が何％くらいいるでしょうか。
　答えは、40.5％。1ページも本を読まない大学生が10人中ほぼ半分弱いるという事実。ちなみに、1日の平均読書時間は26.9分だそう。
　結論を言ってしまいますが、読書ゼロの学生に、相手を動かすレベルの文章は書けません。

　読む、ということは、思考力や感受性を鍛えます。行間を読む。事象の裏側にある真実を読み解くことができるようになります。心を読む。相手の気持ちを自分の気持ちに置き換えることができるようになります。

　氷山の絵を描いてみます。こんな感じです。水面に出ている部分は全体の3分の1。水面下に3分の2が隠れています。この隠れている部分を知る訓練、楽しむ訓練、それが読書なのです。
　今のあなたたちは、水面に出ている部分だけに反応し、すぐにSNSを通して、しゃべってしまいがちです。「単なる感想」の拡散です。その即時性と共有力はとても素晴らしいものですが（僕もかなりのヘビーユーザーではあります）、物事の深いところ

見慣れた氷山の絵だけれど、
もう一度、考えてみよう。
君の氷山では動物たちが幸せに暮らせているか？

==たくさん読むこと、たくさん考えること、==
==深く感じること、深く知ること。==
==そんな氷山の下の価値を大事にしましょう。==

PART 1　文章力は未来をひらく最重要スキルです。

までは手が、目が届きにくいのです。

　人生の真実とは、表面の目に見えるところだけにあるのではありません。隠された、秘められたところにあるものこそ、深く豊かで美しいのです。

　読書の利点は、語彙数が増えることにもあります。語彙数が多い人ほど、生活のレベルが高い。それはデータで証明されていることなのです。
　形容詞が「ヤバい」だけの人は、それこそ「ヤバい」わけなのです。ちなみに、アメリカでは学歴がなくても成功している起業家は、語彙数が多いそうです。語彙数が多いと表現が豊富になり、伝達力がアップします。コミュニケーション力。きっとビジネスの現場でも、多くの人を巻き込み、インスパイヤーするチカラになるのでしょう。

「読むチカラ」は、実は簡単にアップさせることができます。

1ヶ月に一冊、本を読む。本は必ず良書を。

以上で、終わりです。ミステリーでも、エンターテインメントでも、スキル本でもジャンルは問いません。ただし、質は問います。良書は、読む楽しさを増やし、本の持つ素晴らしい世界へあなたを誘います。
　そうすれば、確実に「書くチカラ」はアップします。よくマ

ニュアル本に、日頃、書く訓練をしなさいと書かれていたりしますが、なかなか練習書きを続けるのは大変です。

文章力は、楽しく「読む」ことで、「自然に」身につきます。

それが僕からのアドバイスです。

PART 1　文章力は未来をひらく最重要スキルです。

その5 採用の場で、なぜ、文章を書かせるのか、を改めて考えてみる。

　ESは、内定にいたる一番目の関門です。次のステップに行く人をふるいにかける機能を持ちます。ま、聞いたことがありますね。人気企業では、入社希望者がとてつもなく多いので、優秀な学生を「正確に、的確に」ふるいにかけることが必要です。ふるいにかけることを、「足切り」とささか悪しき呼び方をしているマスコミもあります。

　よくマニュアル本には、初めから数多い入社希望者に会う労力が大変なので、提出書類を読んで審査をする、などと書かれていますが、これはかなり正しくありません。

　人気企業の広告会社で、採用側にいた僕から言わせれば、全員面接と同じくらい労力がかかることです。膨大な全員の書類（紙もしくはウェブ）を丁寧に読み込み、下した評価が正しいかどうかを判断する。事務的手続きとして、書類のメンテナンスにミスは許されませんし、不明なところがあっても、面接と違い面と向かって本人に聞くこともできません。応募者の多い企業が、ESにかける労力もまた膨大なものなのです。

　では、そんなに労力がかかるのに、自己PR・志望動機や作文・論文を書かせるのは、なぜなのか。あなたはどう考えますか。

「書類のほうが簡単に審査できるから？」。これははっきり、間違いです。「書類だとカタチに残しやすいから？」。これは正しいですね。自己PRは、次のステップの面接時にまた読み返されます。最終面接でも、書かれたことについて質問をされたりします。「文章を読むと、その人のことがよくわかるから？」。そうですね、大正解です。ま、わかっていたこととは思いますが。

　採用側からの視点で言うと、文章を書かせると、その人が浮き彫りになります。外側でなく、内側が手にとるようにわかるのです。
　3時間話してもわからない、その人の「インナー・キャラクター」（そんな言葉があるかどうかわかりませんが）が一読してわかります。一読で、です。

　みなさん、恐いことに、あなたの書いた文章は、あなたそのものです。乱雑な文章の人は、きっと乱雑に仕事をする人です。論理的でない文章の人は、きっと論理立てて話せない人です。情報が整理されてない文章の人は、情報を扱えずトンチンカンなことをする人です。自分よがりの文章の人は、お客様の思いを理解できない人です。

　入社希望者の書類を読むのは、人事部のメンバーだけではありません。現場の優秀な社員が数多く選抜され、読んでゆきます。その会社のトップレベルのプロたちが、あなたの文章を吟

味します。マスコミ系では、創造力でビジネスをしているクリエイター(たとえばコピーライター)も読み込みます。あなたがどんな人なのか、100％、わかってしまいます。ごまかしは一切効きません。

　逆に言えば、今日から、チャレンジャブルに生きることを決意し、知性、感性を豊かに使って学生時代を過ごせば、それだけで、文章力は上がる、とも言えます。

　相手を動かす文章には、テクニックもスキルも必要です。しかし、いちばん必要なのは、あなたの生活の質をあげること。インナー・キャラクターを魅力的にすること。その革命を今から、始めることです。なぜなら、文章力とは、その人そのもの、だからです。

　一次審査で、作文を読んだとき、とてもチャーミングな印象を持つ人がいます。砂漠の砂のなかで、きらっと光る宝石のような。やがて、次の年の入社式や新人研修で、その人に会うことがあります。
　顔を見るのは初めてだったりするのですが、「ああ、あの作文の人だな。やっぱり激戦を勝ち抜いて、採用されたんだな。」と思わず、顔をうれしそうに見てしまいます(変なオヤジだと思われたでしょうね)。その後、話す機会があると、作文の感想を言います。「良かったよ。……の部分が素晴らしかった。」「えっ、

そんな細かい部分を覚えているんですか。とても光栄です！」。そうです、覚えているのです。その人のESのなかの文章をいつまでも。本のなかにある感動した文章が一生、心に残るように。

　さて。次の章からは、文例を示しながら、すすめてゆきましょう。
　文章塾の実践編です。

PART 1　文章力は未来をひらく最重要スキルです。

採用官の
こころの言葉

文章力を磨くために、
あなたの中身を
磨くことから始めよう。

PART 2

文章塾 その **1**

作文は、「あなたの発見」を書こう。

お題：400字以内（在宅書き）

「あなたの好きな街を教えてください。
また、その理由も教えてください。」

作文を書く時の心得。
8か条。

1 80％は埋めろ。

2 誤記は、命取りになる。

3 あなたならでは、の視点を書け。

4 キャッチコピーを入れろ。

5 若者しかわからない言葉は使うな。

6 忙しい採点官に敬意を感じろ。

7 1位をとりにいけ。

8 もっともっと文章を書く練習をしろ。

PART 2 作文は、「あなたの発見」を書こう。

みなさんの作文をじっくりと見させていただきました。どうですか。難しかったですか。初めて、こうしたまとまった文章を書いたという方は、いますか。手をあげてください。なるほど、数名の方は初めてだったんですね。

　ESでは、自己PR文だけでなく、このような400字程度の作文を書かせる企業も少なからずあります。自己PRとあわせて審査すると、より入社希望者の実像がわかります。
　400字ですと、長文とは言えませんね、中文くらいでしょうか。中文と言えども、構成力は必要です。話の流れをどうつくって、読み手を納得させ、動かすか。そのためには、ただ上手な文章を書くだけでなく、全体の作戦が必要になります。
　この構成力をふくんだ作戦力は、ビジネスシーンでも必須のリテラシーになります。俯瞰力とか、構想力とか、いろんな言い方をされています。
　プラス、クリエイティビティ（創造性）を判断するのにも役立ちます。いい意味で、読み手を裏切る「飛躍」があると、作文の印象度は上がります。クリエイティビティも最近のビジネスでは、欠かせないリテラシーになりつつあります。アイデア力もそのひとつです。

　企業の採点官になったつもりで、みなさんの作文を見ていると、ああ、こんな意識をもっと持てば良くなるのに、と残念に思うところがたくさんありました。すごく努力が必要な改善点だけでなく、ほんのちょっとした努力でクリアーできる改善点

もあります。

　その時、思いついたことを8か条にまとめました。作文を書く時の大切な心得になりますので、ぜひ覚えておいてください。そのひとつひとつを、説明してゆきましょう。

PART 2　作文は、「あなたの発見」を書こう。

第1条　80％は埋めろ。

　入社希望者は、必死です。たくさんの希望者の文章を採点していると、ひしひしとそう感じます。文字数の上限ぎりぎりまで書き込まれた文章ばかりです。絶対入社！の熱意を感じることもしばしばです。

　ところが、これはなんだ！？ 文字数の半分くらいしか書いてない！ という文章が出てきたら、どうでしょうか。
　考えるまでもありませんね。中身が良ければいいのでは？ 確かにそうです。ただ、私の経験で言えば、文字数半分の人で、中身がいい人は皆無でした。やはり、熱意と中身はリンクしているのです。

　目安は80％です。もちろん、文字数の上限ぎりぎりでもかまいませんし、そのほうが印象はいいかもしれません。400文字なら320文字。採点官は別に文字数を数えていませんから、大体その程度ということです。

　在宅書き以外に、会場で、一定時間で書く作文試験もあります。僕は、それを「その場書き」と呼んでいますが、その場書きでも、80％目安は変わりません。ただし、時間がなくなっ

てしまい、60％程度しか埋められなくても絶望する必要はないでしょう。その場書きの場合は、若干、ゆるく見てもらえるはずだからです。

　目安80％。それより少なくても採点側はちゃんと見ますが、印象度は良くありません。ぜひ、ケアを。

第2条　誤記は、命取りになる。

　在宅書きなのに、この人はチェックをちゃんとしたのだろうか。そう思う時が何度もありました。ひょっとして書きっぱなしで提出してる？　そんな疑念も生まれてきます。

　固有名詞、慣用句は、絶対に間違えないようにしましょう。特に、社名や社長名などはインパクトが大きいので要注意。

　現在のビジネスでは、若手社員でも、お得意先のキーマンや担当役員にメールをすることがあります。提出された作文に誤

記が多いと、この人、大丈夫か？ となります。

　思い込みの誤記というのが、いちばん厄介です。間違いは間違いなのですが、間違いが正しいと信じているケースです。
　手書きの時代ですが、僕は30歳くらいまで、「完璧」を「完璧」と書いていました。ある日、カタログの打ち合せ中、得意先から指摘されたのですが、えっ何なの、どこが間違い？ と思ったくらいでした。

　防止策は、ひとつ。誰か信頼できるチェックパーソンを確保しておくことです。親でもいいし、友達でも、先輩でも、大学のキャリアセンターの人でも。自分が信じている表記が間違っていることもありますので。もうひとつの視点の確保は、就活時のセーフティネットになります。

第3条　あなたならでは、の視点を書け。

　さて。8か条のうち、いちばん重要度が高いのが、この条かもしれません。ダメな作文には3タイプあります。

①文法の逸脱、誤字・誤記など、日本語の体をなしていないもの。
②論理の破綻、ひとりよがりの結論など、腑に落ちないもの。
③ネットの受け売り、一般論に終始する、など、その人の考えが出ていないもの。

①に関しては、付録で文法として注意すべき早わかりポイントをまとめましたので、そちらを見てください。本来なら、小学校から国語を学び直すべきですが、ま、そんな時間もないと思うので、「解決！ 文章の8つの悩み」を、ぜひチェックしてみてください。

②は、「えっ、どうしてそうなるの？」と突っ込みをいれたくなる思考法のことです。
たとえば、「ニューヨークは冬がとても寒いので、私は嫌いです。ですので、ニューヨークは絶対、夏に行くべきです」。嫌いなのは、あなたの勝手なのに、どうして「絶対、夏」なのか、そこがよくわからなくないですか。
たとえば、「その街の美しい川辺で、高校の頃、彼女とデートしたのを思い出します。今、どうしているかと思うと切なくなります。切なくなる街、それが私の好きな理由です」。好きな理由を、切なさでくくるのはどうなんだろう。彼女がどうしているかは、読み手はどうでもいいことだったりもするし。

実は、この手の腑に落ちない思考を展開している人がかなり

います。あなたが正しいと思っていることでも、読み手は正しくないと思うかもしれないと疑ってみましょう。

「A、ゆえに、B」の「A」や「B」はそれぞれの人の個性だったりするので、いいのです。「ゆえに」が自分勝手ではないか、を意識する必要があります。「牛乳はおいしい。だから飲み過ぎる。だから体に良くない」。わかりますか、この推論だと牛乳はすっかり体に悪いことになります。

しかし、意外とこういう話の転がし方をしている人は多いのです。「だから」が本当に、人をうなずかせられるのか、そこを充分に注意しましょう。

③タイプの作文が、最近、頻出しています。僕はそう感じます。

理由のひとつは、ネット情報を自分の知性や感性のフィルターに通さず、そのまま、自分の意見にしてしまうこと。
もうひとつの理由は、自らの意見やオピニオンを多数派に合せる傾向があることです。

文章塾が終わってから、生徒のみなさんとお話することがあるのですが、その時、こう言われたことがありました。僕にはかなりのインパクトでした。
「先生、さっき、ユニークであれ、とおっしゃってましたよね。でも、私たちの世代は、ユニークにはちょっと悪い意味がふくまれてたりもするんですよ」。「変わっているとか、浮いているとかですか」。「ええ、まあ、そうです」。うーん、そうなんだ。

僕らの世代は、ユニークはかなりの褒め言葉だったので、ついそう言ったんだけど……。

　なかなか、その人の本質が見えない、本質を見せない時代になってきたようにも思います。若い人たちのSNSを見ていても、そう感じることがあります。

　しかし、企業が知りたいのは「本当のあなた」なのです。他の人とあなたはどう違うのか、を知りたいのです。

　本当のあなたは、どう考えているか。どう感じているか。どう伝えるのか。どう行動するのか。どう人を巻き込めるのか。それらをリアルに知りたいのです。
　ですから、ネットの受け売りや一般論のあなたは、いりません。

　そう考えると、こんなに自己を表現する、やり甲斐のある場はありません。自由に「あなたならではの視点」で書いていいのですから。

　その「あなたならではの視点」が息づいている人の文章を紹介しましょう。文章塾で書かれたものです。

> 日本有数の古書店街「神保町」、私の好きな街です。かつて私の嫌いな街でもありました。　本屋は好きでしたが、

> 古書店は嫌いでした。同じ古本屋でも、駅前に構える某古本業チェーン店に比べて、店は狭くごちゃごちゃして、何が良いのか理解できませんでした。大学生になってから必要にかられて古本街に足を運ぶようになり、ふと他の客を見ることで初めて気づきました。ここでは本を売っているのではなく、出会いの場が提供されていたのです。古書とのめぐり合わせは知識との出会いであり、ひいては著者との出会いであります。店の狭さゆえに目の肥えた店主とお客が出会い、その出会いが本との出会いに繋がる。標本のように並べられて売られるだけの古本屋とは違い、そこではまるで人々の出会いのような本との出会いの物語が繰り広げられ、それがここの魅力なのだと理解できました。こんなホントの出会いをさせてくれる神保町が私は好きです。

　文章が上手なこともあって、「ふむふむ」とうなずいて読んでしまいます。引き込むチカラがあります。

　書き手の視点が、その人ならではであることに気づきましたか。10行目、「店の狭さゆえに目の肥えた店主とお客が出会い、その出会いが本との出会いに繋がる」。これは、発見ですね。大切な真実を見つけています。

　店が狭いのは今の社会では、マイナス要因ととらえられますが、だからこそいいのではないか、と反対意見を述べています。しかも、ひとりよがりの意見ではなく、「なるほど！」と思わせる説得力があります。

「本を売っているのではなく、出会いの場を売っている」。だから、神保町の古本街が、私の好きな街なのです。

　5ページにあげた例文と較べてみてください。「好きな理由」の腑の落ち方に圧倒的な差があります。この文章を読んで、僕が思ったのは、「この人は、物事をちゃんと見て、自分の意見を言うことができる人なんだな。思考力も感受性も他の人より優れているな」ということでした。

　一に、「発見」。二に、「発見」です。「発見」は、「初」見であり、「ハッ」見です。あなたの目で、あなたの脳で、あなたの心で、そしてあなたの経験で、他の人とは違うものを見つけてください。そんなあなたを採用側も待っているのです。

あなたが見えない作文は、判断のしようがないのです。

PART 2　作文は、「あなたの発見」を書こう。

第4条 キャッチコピーを入れろ。

　キャッチコピーは、文字どおり、人の目や心をキャッチするものです。短めの言葉で読み手にぐさりと刺さります。この感覚の言葉が、作文中にあると、文章の密度がぐっと上がり、忘れられない印象を残します。膨大なエントリーシートのなかで、非常に大きな優位点になります。

　と言っても、そんな短くてぐさりと刺さるキャッチフレーズはなかなか書けません。そのセンスで表現された文章があるといい、というふうに覚えておいてください。
　いくつかのテクニックを紹介しておきましょう。
例文は、「あなたの好きな街とその理由」で使えそうなということで考えてみました。

①対比のテクニック

・賀茂川の水の清らかさ。千年の都を知るのに、必要なのはたったの1秒でした。
・ニューヨーク。昼の働くエネルギーと、夜の楽しむエネルギーの量は同じなのです。

②擬人化のテクニック

・こんにちは、パリ。初めまして、セーヌ。
・朝市の野菜たちが光っています。おいしく食べてね、と言っているよう。

③比喩のテクニック

・カーテンを開けると、まるで宝石箱をひっくり返したような、海の光でした。
・尾道は、街中、オーシャンビューです。

④話し言葉のテクニック

・そうだ、確かにそうだ、僕はこの街にいると生きている気がするよ。そう思ったのです。
・この光景、写真で何回も見た。やっと会えたね。やっとね。

　ま、まだまだあるとは思います。要は、「私は、○○が、○○です。」という定型的な文章が続くと、飽きてしまうのです。読み手の気持ちをピン留めする。そのためには、キャッチフレーズ的センスをあしらうことも大切な作戦なのです。

　キャッチフレーズ的センスは、どうやって養うか。コピーライターの方が書いている本で学ぶのがいいでしょう。あとは、

「TCC（東京コピーライターズクラブ）年鑑」という、その年度の優れたコピーを網羅した本があります。大学の図書館で探してみてください。

　僕が書いた本もありますので、そちらも参考になると思います（笑）。

第5条　若者しかわからない言葉は使うな。

　みなさんが書いた文章には、5条に該当するものはありませんでした。素晴らしいですね。ただ、思わず書いてしまうケースもありますので、アフターチェックをしましょう。

　僕の経験では、ラグビーのルール名がいくつか入ってわかりにくかったことがあります。その書き手は、ラグビーをやっている人で、ノッコンやスローフォワードとかの言葉を、その作文のキーワードに使っていました。僕はラグビーに詳しくはなく、他の人に尋ねたものです。僕も詳しくないんだよ、と答えが返ってきました。世代的なものも大きく、僕らの時代はメイ

ンスポーツは野球でした。ラグビーは今と違い超マイナースポーツでしたので、ルール名を知らないのです。そのくらい知っとけよ、と言う前に、知らないかもしれないと思ってほしいのです。

　あと、大学のサークル系の名前、ゼミの名前なども、略して使われて（しかも何度も）、うっとうしく思ったこともあります。「僕のサークルのSBCでは……」とか、「コミデの授業」（コミュニケーションデザイン）とか。不明な略の乱発は、読む気に大きく影響します。

　マジ、ヤバい、ダサい、ウザい、などの言葉も会話文中ならまだしも、使わないほうがいいでしょう。品格を疑われる危険が大です。読み手は、あなたの友達ではありませんので。

　女性や社会的弱者への配慮を欠く表現も、最大限のケアをしてください。日常からの意識ですね、ここらへんになると。特に、男性の書き手は注意。読み手の採点官には、たくさんの女性がいることもお忘れなく。

PART 2　作文は、「あなたの発見」を書こう。

第6条 忙しい採点官に敬意を感じろ。

　この条も、重要なポイントです。書くときに十二分に意識しておくべきことになります。お手紙っぽく、みなさま宛に書いたメッセージ文がありますので、それをご覧になってください。

みなさんの作文を見ているのは誰なのでしょうか。
そのことを想像したことがありますか。
会社には、人事部以外に採用を仕事にしている部署はありません。
しかし、膨大な数のエントリーシート、自己PR文、作文・論文は、人事部だけではとても見きれません。
では、誰が見ているのでしょうか。
それは、一般社員が参加して、見ているのです。
その多くは、最前線の業務で忙しくて、とても学生たちの文章を見ているヒマがないような人ばかりです。
しかし、やがて仲間になる優秀な社員がいるかもしれない、そのための採用ならがんばって見よう、と思い、
丁寧に作文をチェックし、採点をします。
その社員の気持ちに応える、作文が書けているかどうか、

> それがいい作文かどうかのリトマス紙、判断基準なのです。
> 誤字だらけ、独善的な論理、掘り下げが甘い思考、ありきたりの結論、マニュアル本どおりの記述……。
> これでは、見ていただく方に失礼としか言いようがありません。
> 読み手も誠心誠意なのです。
> 書き手のあなたはぜひ、そのことを忘れないでほしいと思います。

　Lack of imagination。そんな言葉があります。文章塾、最初の横文字です、たぶんこれが最後でしょう（笑）。「想像力の欠如」。目の前にあることだけしか見られない人。自己の思いだけを主張し、その先や背景にある他者の思いを見られない人。実は、企業にとって、こういう人は必要がありません。協調性や柔軟性に難があり、チームの能力を低下させるからです。

　採用担当の経験から言えば、優秀な人材の作文は、どこかしら人間性を感じます。ヒューマニティと言えばいいのでしょうか。

　いい作文は、「あ、この人と仕事をしてみたい」、そう思わせます。「自分の部下になって、一緒にやってゆきたい」、そう思わせます。そして、それが作文を書く時の、ゴールイメージな

のです。

　この文章塾では、スキルもアドバイスしますが、マインドをチェンジさせることを大きなミッションとします。

　新しいあなたになること。より良いあなたになること。そうでなければ、就活は単なる「活動の場」に過ぎません。就活を実り多い「成長の場」にする。そのためにどういうマインドを持つべきか、そのきっかけづくりができればいいと思っています。
　相手を動かす作文を書くには、相手を思うこともしないといけませんね。そのことを意識して書いてください。

第7条　1位をとりにいけ。

　みなさんの自己PRや作文を見ていると、合格点を狙っているように映ります。60点から70点くらいのところです。学校だと、ま、がんばったね、と言われそうな。

しかし、人気企業の倍率は、気が遠くなるほど高いものです。あなたが志望する企業もきっと難関だと推測します。60から70点でははっきり言って、次のステップまでは進めないでしょう。

　さ、もう何度も言ってきたことですが、マインドを変えましょう。
　チャレンジしましょう。トライしましょう。学生のモードを切り替えてください。**人は変わろうとする時に、いちばんエネルギーが出るものです。就活で、あなたは、もっと素晴らしいあなたになるべきです**。

　一回書いた文章はぜひ、見直してください。その上で、先ほど話したチェックパーソンに見せてください。もうひとつの視点で、自分の文章を見るのです。できるだけ厳しい意見をもらってください。
　書きっぱなしはダメです。ま、そこそこ、いいことが書けたなぁ、もダメです。それではいつものあなたのまま、です。

　最大のチェックポイントは、「あなたならではの発見」が書かれているか。読み手に「なるほど！」と思ってもらえるか。

　1位をとりにいってほしいなぁ、と思います。学校の試験とは違い、正解はないのですから、答えはあなたのうちにあると言ってもいいのです。マインドを厳しく持つこと、です。

第8条 もっともっと文章を書く練習をしろ。

　またもや命令形で申しわけない。覚醒を促す時は、「少年よ、大志を抱け」とか、命令形のほうがその気になりやすいわけです（笑）。

　正直に言うと、僕も学生時代、文章をそんなに書いていたわけではありません。卒業論文が原稿用紙400字詰め100枚程度と決められていたので、必要に迫られました。4年生の時は書きましたね。毎日毎日、就職活動中も、です。
　本は読んでいました。当時は教養を身につけるには、本以外にはなかったんです。先ほどノルマにあげた、1ヶ月に一冊は読んでいたように記憶しています。どんな本を読んだか、もう覚えていないので、意味があまりなかったのかもしれません（笑）。

　就職試験の時、書いた作文は今でもいくつか覚えています（10社くらい受けました）。特に、博報堂の作文は、我ながらすごく良く書けました。入社してから、作文が抜群に良かったと先輩に言われ、卒業論文の訓練のおかげだったのかな、と思ったことがあります。

素直に自分に問うてみてください。「自分は文章を書いているだろうか」と。多くの学生がほとんど書いたことがないと答えそうな気がします。書いてない自己認識があるならば、書く練習をしましょう。僕の卒論の時のように、毎日書く必要はないかもしれませんが、明日から始めたほうがいいと思います。

　就職解禁日の、早ければ10ヶ月から1年前、どんなに遅くとも3ヶ月前。それが書く練習を始めるタイミングです。

　1、2ヶ月前にバタバタしても手遅れです。というのも、その頃から、就活関連のイベントで忙しくなってゆくからです。就活中は、もう手帳がびっしり埋まるくらいになります。
　就活の期間はどんどん短くなる傾向がありますので、解禁日間近に、マニュアル本でも読んで……、なんて構えていると、あとから後悔することになります。

　各社が出した作文の問題を、自分で書いてみること。なつかしの過去問ですね。また、このような文章塾で鍛えることも、大いにありです。**実際の提出までに、最低10回くらいは書いておきたいものです。**

　マスコミを考えている方は、特に作文・論文のスキルを上げておく必要があります。いきなり、アイデア力やクリエイティブ力が必要なお題が出る場合があります。

何ごとも準備が大事です。今の若いみなさんは、ネットでいつでも物が買えるし、その場で地図は見られるし、お店もすぐ予約できるし、情報も一瞬に手に入ります。それは素晴らしいことなのですが、その反面、きちんと準備することに鈍感になっています。その事実に気づいてください。

　準備することは、自分の思いを熟成させてゆくことでもあります。準備をきちんとするだけで、人はワンステップ成長しているのです。そのことをお忘れなく。

　もう一度言います、何ごとも準備が大事です。もちろん、相手をうなずかせる作文を書く時も、です。

> 採用官の
> こころの言葉
>
> ま、このくらいでいいや、という60点主義は、捨てる。

PART 2 作文は、「あなたの発見」を書こう。

PART 3

文章塾 その2

自己PRは、「私ってどんな人間？」への答え。

お題：400字以内（在宅書き）
「あなたの強みはなんですか。
自己PRをしてください。」

自己PRを書く時の心得。
5か条。

1 徹底的に客観的に、
自分をマーケティングしよう。

2 エピソードが小さくても、
大きく感じることが大切。

3 安心を求めて、
ひな形に頼ってはいけない。

4 言いたいことは、
整理整頓すること。

5 読み手はプロだ。
嘘を書くとあとで困る。

ESでいちばんやっかいなのが、自己PR文です。うまく書けた人とそうでない人で、結果の違いが明瞭に出ます。
　しかし、その差はというと微差。採点側から見て、いつも思っていたのが、みんな同じだなぁ、ということ。みんな同じ。印象が非常に近いのです。

　なぜ、印象が近いのか？　以下の理由が考えられます。
①**ネタ（今までの経験、エピソード）が似ている**。
②**書き方が似ている**。
③**文章力がないので、表現が特化できず、似てくる**。

　言わずもがなの前提なのですが、似ている、同じ、と思われるのは確実に損です。あなたの存在が、その他大勢のなかに埋没してしまいますから。
　みんな同じだ、ということはちょっとした差をつければ、いいということでもありますね。そのちょっとした差をつけるために、アドバイスをしてゆきます。

　ただし、ひとつだけ言っておきます。この文章塾では、こういうふうに書きなさい、というスタイルは教えません。子供ではないのですから、それは、あなたが考えて書いてください。同じようなスタイルの人を増やすのが目的ではありませんので。書き方を写したい人は世の中のマニュアル本を見ていただければいいと思います。
　なぜ、うまく書けないのか。

効果を生み出す文章であるために、何が「阻害要因」になっているのか。をあぶり出すことを文章塾では大事にします。WHYを大事にすると言ってもいいでしょう。

　僕が思うのは、自己PRは証明問題に似ている、ということ。その理由は？

　では、心得に沿って、解き明かしてゆきましょう。

第1条 徹底的に客観的に、自分をマーケティングしよう。

　自己PRで重要なのは、自分の過去の経験の洗い出し。エピソードの洗い出しと言われたりもします。ま、知ってる、という人も多いでしょう。
「私は、人一倍粘り強い体質です」と宣言しても、「私は、初めて会った人でもすぐにコミュニケーションできます」と主張しても、一向にかまいません。極端な話、そこはどうでもいいのです。正しく言うとどうでも書けるので自由に書いてください、なのです。

　問題は、「なぜ、そう言えるのですか」という問いに答えられるかどうか。そこが最大、かつ唯一のポイントです。
　そこで登場するのが、「あなたの経験」「あなたのエピソード」という具体例なわけです。その具体例で、証明をして、納得してもらうのです。

　ここが、悩みどころの最たるもので、学生たちの質問も集中します。いくつかご紹介します。

「目立つようなエピソードがありません。どうしたらいいでしょうか」。

一瞬、悲しくなります。君はこの20年あまりの人生で、なーんにもしてこなかったわけ？　しかし、言葉にはせず、笑って答えます。これから、いい経験をすればいいよ、まだ間に合うよ。この手の質問は相当数あります。
「エピソードは、大学生以前のものでもかまいませんか。小さい時のこととか」。
　あり、です、それも。要は、君の強みを証明できればいいんだから。ただ、あまり昔だと嘘書いてもわからないから、最近の経験のほうがベターかもね。
「経験から強みを導き出すんですが、陳腐な強みにしかなりません。どうしたらいいでしょうか」。
　強みの表現の仕方が下手なのかもしれないね。キャッチフレーズ的なセンスで書いてみたら。でも、キャッチフレーズっぽく書くのはなかなか慣れないと難しいかな。

　あなたの強み、つまり、あなたという商品の売り（セールスポイント）を決めるのは、実は広告づくりとかなり似ています。出発点は、マーケティングなのです。市場調査、市場分析、市場予測、そんな手法に似ています。
　あなたの「市場」とは、あなたが生きてきた、生きている環境のことだと考えてください。いろんな経験をしてきましたね。それをずらっと書き並べます。
　小さい時、ピアノをやったとか、水泳とか。年齢順にひとつひとつ思い出しながら。小学校では、クラスの委員とか、運動会の活躍とか。中学校受験は？　転校は？　クラブ活動は？

PART 3　自己PRは、「私ってどんな人間？」への答え。

作文や絵で賞をとったことは？　図書館でよく本を借りた？

　ま、僕が書くわけではないので、自分で考えてくださいね（笑）。特に、自分のなかでターニングポイントになったことは忘れずに。その要領で、大学生活も。なるべく省かずに書いてゆきます。
　それをつらつらと見ます。何日かにわたって、何度も見ます。足らないところは足しながら。そうすると、自分のなかで、大きな影響を与えたことがいくつか見えてきます。それによって自分が成長できたことも見えてきます。

　これが、ファーストステップです。マーケティングで言うところの、商品が置かれている環境の洗い出しです。
　注意すべきは、「絞り込むが、決め込まない」ことです。安易な決め込みはしないでくださいね。中学、高校、大学と３回受験を経験したから、私は粘り強さが売りだ！というような安易なことは無し。それをふくめて、数個（多くても１０個以内）ほど、自分の強みになりそうなことを把握しておきます。

　次に、その強み候補を言葉化してください。これがセカンドステップです。
「粘り強さがある」。「逆境に強い」。「他人の気持ちを大事にする」などなど。コンピテンシー（行動特性）と言われたりしますね。ここはあまり言葉を表現っぽくしないほうがいいです。コンセプトを考えるときのように。

そして、それをふたつの点から、チェックします。

==ひとつめは、本当に他の人と差がつく強みなのか。==
==ふたつめは、本当に、自分の経験・エピソードから導かれた強みなのか。==

別の言い方をすると、あなたならではの経験・エピソードから生まれた、あなたならではの強みなのか、です。
==また、出てきましたね、「あなたならでは」というキーワード。迷ったり、わからなくなったりしたら、このキーワードに立ち戻ってください。「あなたならでは」を発見する。それが、自己PRでいちばん大切なことです。==

サードステップは、できた言葉、「私は粘り強い」を、他の人と差別化することをします。あなたはあなたなのですから、「粘り強さ」もあなたらしさがあるはずです。わかりますか。
たとえば、「私の粘り強さは、2段ロケットです。一回だめでも、もう一度点火します。」とか。「ひとりでなく、みんなで粘ること。それが私の得意技です。」とか。「粘るためのハートだけでなく、体力もあります。」とか。要は、「粘り強い」、を自分らしさ視点で掘り下げることで、もっと深いレイヤーにしているということなのです。
みなさんの自己PRを見ると、「コミュニケーション力」「好奇心」「柔軟性」「チャレンジ精神」といった強みが、たくさんたくさんたくさん出てきます。でも、採点側から言わせると、「コ

ミュニケーションがよくできる」と書かれてもなぁ、と思います。そんなの当たり前じゃないの、そんなこともできないで社会人になろうとしているの、と思います。

　コミュニケーション力を否定しているのではありません。そこは間違えないでください。ただ、それが、「私は、人と仲良くするのが特技です。」と浅いレイヤーで書かれても、評価できないのです。「私のモットーは、聴くことから始まるコミュニケーション力です。」と、たとえば書いてあると、ふーん、なるほどね、と感じたりします。自分らしさの視点で、深める。まさに、氷山の下の部分を考えることこそ、ポイントなのです。

　フォースステップは、「強み」と「経験・エピソード」との整合性を図ることです。時々、「えっ、そのエピソードから、そのコンピテンシーは出てこないだろう、普通」という類いのものがありますから、注意してください。ちゃんと強みを証明できているか、です。
　もうひとつ、重要なことがあります。それは、希望する企業の要求するコンピテンシーとの整合性。ここも要確認です。リーダーシップが強みです、と訴えても、入社1年生に、リーダーシップというコンピテンシーを求めていない企業もありますので。

　==コンピテンシーについては、自己ＰＲ文のみならず、就活のキーエッセンスになります==。別途、詳しく解説したいと思います。69・70・71ページを見てください。

最後のステップは、それを文章化することですね。あなたの文章力が試されます、PART2も参考にしつつ、このPARTでも、これからそれについて話してゆきます。

PART 3 自己PRは、「私ってどんな人間?」への答え。

能力の４つの層

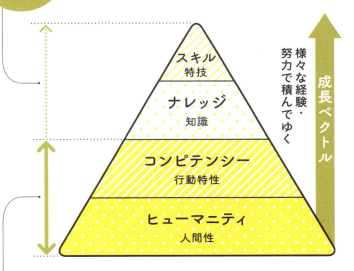

（あればいいが）
社会人になって
伸ばして
ゆける能力

様々な経験・
努力で積んでゆく

成長ベクトル

スキル
特技

ナレッジ
知識

コンピテンシー
行動特性

ヒューマニティ
人間性

あなたの
ここを
見ている！

・この能力がちゃんとしていないと
　社会人として成長してゆけない。ゆきづらい。
・コンピテンシーは、会社や業種業界によって
　若干異なる。

社会人を目指す
あなたに必要なコンピテンシーは?

社会人のスタート時に必要なコンピテンシー(黒澤版)です。
他にもあるはずです。みなさまひとりひとりが考えて、
プラスしていってください。
たとえば、「チームを統率し、ひとつの目的に導ける」とかは
キャリア1年目には
あまり必要のないコンピテンシーになります。
もちろん、長い目で見れば必要ではありますが。

基本
- ルールや期限を守れる
- 他人にきちんと接することができる
- 責任を持って課題に取り組める
- 集中して、仕事を進められる
- 自分の考えや思いを伝えることができる
- チームの一員として業務を円滑に行える
- 失敗しても挫けず、タフにチャレンジできる
- 事態の急変にも冷静さを失わず、柔軟に対処できる
- 成長のためにどん欲に学習することができる
- 周囲の人や事象、社会の出来事に、共感できる
- 情報収集することに積極的になれる
- 仕事を自分ごと化して、自分としての答えを出せる
- 現状をより良くするために提案することができる
- 人が考えつかないようなアイデアを出せる
- HOWだけでなく、WHYを考えて行動できる

高度

PART 3 自己PRは、「私ってどんな人間?」への答え。

自分が持っている コンピテンシーは？

左と右をよく研究しながら
下のエピソードを
考えてゆく。

企業が求める コンピテンシーは？

たとえばマスコミの場合

- 自分の考えや思いを伝えることができる
- チームの一員として業務を円滑に行える
- 失敗しても挫けず、タフにチャレンジできる
- 周囲の人や事象、社会の出来事に共感できる
- 情報収集することに積極的になれる
- 現状をより良くするために提案することができる
- 人が考えつかないようなアイデアを出せる
- HOWだけでなくWHYを考えて行動できる

企業によって
〈基本〉は変わらないが、
〈高度〉になると変わってくる。
業種差は大きい。

納得度　　整合性

エピソード

コンピテンシーを
導き出した経験

第2条 エピソードが小さくても、大きく感じることが大切。

　みなさんの自己PR文のエピソードの出どころは、ほぼ3つです。なんだと思いますか。
①サークルやイベントでのエピソード
②アルバイトでのエピソード
③海外体験（留学／旅行）でのエピソード
以上です。

　今日の文章塾で書いていただいた、みなさんの自己PR文も、すべてここにあてはまりました。「自己PR三大話」と僕は命名しています。
　不思議なことに、本業である学業はエピソードにしてもらえません。小中学校の経験もほぼ同様です（こちらは時々います）。
　たとえば、採点官が20人の自己PR文を見ると仮定すると、①②③が入れ替わり立ち替わり登場しますので、印象が似通っていて、なかなか差別化できないことがあります。

　しかも、**これは凄い経験をしてる!! という人は、社会人、人生の先輩から見て、ほとんどいません。はっきり言って、エピソードそのものの差は微差なのです。**

PART 3　自己PRは、「私ってどんな人間？」への答え。

よく「凄いエピソードが私にはありません」と落胆する人がいますが、それは大きな間違いです。また大学のキャリアセンターなどで、もっと印象に残るエピソードはないですか、と迫るのも、あまり意味がありません。採点官を、驚かせるようなエピソードは、ほとんどないのですから。

　では、です。何が違うのでしょうか。次のステップに行ける自己PRとそうでない自己PRは。

　==そのエピソードを、深い体験として感じる能力があるかどうか、なのです。小さなエピソードでも、そこに大きな意味やヒントやきっかけを感じ取り、考えを巡らせられるか。そこが分かれ道なのです。もちろん、そのことにより成長が促され、その人ならではの強みが形成されてゆくわけです。==

　ぼんやりしていた人と、深く見つめていた人、その差が大きいのです。レオナルド・ダ・ヴィンチは、鳥が飛ぶのを見て、なぜ飛べるかの不思議を感じ、その構造を解明しようとしました。普通の人は、ああ今日も元気に鳥が飛んでるなぁ、くらいにしか思わなかったでしょうが、彼の好奇心、観察眼、洞察力、感受性は違ったわけです。
　同じようなアルバイトの経験でも、違いが出るのです。
　ま、いきなり人類の天才、ダ・ヴィンチの話を出して、唐突でしたね（笑）。でも、言いたいことはわかってもらえたと思います。

文章塾で、書いてもらった自己PR文から、ひとつ紹介します。読んでみてください。

> 私の強みは、柔軟力です。私は1年目にバイトリーダーの役割を与えていただきました。そこで、社員もアルバイトも働きやすい環境づくりを目指すにあたり、全ての立場から物事を見るよう努めました。社員が行う業務を積極的に手伝うことでサポートできる部分を増やしたり、アルバイト指導の際には店長に比べて威厳や説得力がない分、その人に合わせて指導方法を変えることできちんと聞き入れてもらえるよう工夫しました。その為には多くの失敗を経験しました。得意不得意は必ずあり、一向に慣れない業務や対人関係に悩むこともあります。その点においては、人の意見を聞いた後、一度自分の中で受けとめ理解することで改善していくよう努めました。その結果、環境の変化についていくことができ、上司からの信頼が深まり、責任ある仕事を次々に任せていただけるようになりました。冷静に状況を把握し、与えられた仕事を着実にやり通す力を活かしていきたいです。

　合格点の自己PRだと思います。これを読んで、まず思ったのが一生懸命、自分の課題に取り組んで、悩みつつも、前に進んでゆく人だな、ということ。誠実さも感じました。

「その為には多くの失敗を経験しました。」「一向に慣れない業務や対人関係」あたりに、苦労の痕跡が感じられ、「アルバイト指導の際には店長に比べて威厳や説得力がない」「得意不得意は必ずあり」と解決を阻害している要因を把握し、「人の意見を聞いた後、一度自分のなかで受けとめ理解することで改善していくよう努めました。」と、経験を通して成長し、冷静に状況を把握する大事さを学んだのです。

問題提起→状況把握→解決→自己の成長のプロセスが、きちんと押さえられています。読み手にも、そのプロセスが構造的に頭に入ってきますので、わかりやすいわけです。

疑問もあります。「柔軟力」を強みにしていますが、このエピソードから導かれるのは、「状況把握力」や「洞察力」や「分析力」ではないかと思いました。仕事を時間や予算を考慮しつつこなすだけでなく、もっとうまくいくためにはどうしたらいいのか、と考え、冷静にやり方を発見できる人。そんな同僚は喉から手が出るほどほしいのです、今の時代。

あと、「柔軟力」の3文字を「自分らしさの看板」にするのは、ちょっともったいないです。というのも、柔軟力を強みに書く人はたくさんいすぎるほどいるからです。

やや小細工チックですが、「悩みに負けない柔軟性」とか書くと、「人は悩み始めたら、柔軟性をどんどん失います。しかし、私は悩み始めたら、もっと柔軟でありたいと考えます。そのことを学んだのは、以下のエピソードからです。……」。意味がはるかに深まりますよね、3文字だけよりは説得力は増すよう

に思います。

　よく練られている自己PR文だと思いますが、文句なし！面接へGO！の100点レベルでないのは、そこらへんのもう一歩の工夫が足りないからかもしれません。でも、こんな人と仕事してもいいかな、そんな感触を抱かせる自己PR文です。

　経験としては、特別なものでなくても、ここまで充分に書ける、あなたの感じ方、それ次第なんだ、ということがわかってもらえたと思います。

　ぼんやりしていた人と深く見つめていた人。ぜひ、日頃から、後者になるように心がけたいですね、お互いに。

PART 3　自己PRは、「私ってどんな人間？」への答え。

第3条　安心を求めて、ひな形に頼ってはいけない。

　みなさんは、気づいていないと思いますが、パソコンがない時代に若者だった世代が警鐘を鳴らしたいことがあります。

　それは、コピペという行為の習慣性についてです。

　コピペは便利です。そのことを否定するつもりは全くありま

せん。

　僕もその便利さにいつも頼って仕事をしています。しかし、時にコピペは、人まねにつながることがあります。意識、無意識を問わず、「パクリ」ですね。

　そして、いちばんやってはいけないのは、どこかパクれるものはないか、と、ひな形を探すことを最優先する精神です。自分の考えがないのに、評論家や学者やタレントの考えをあたかも自分の考えのように言う人がいますね。あれです、あれ。かなりみっともない行為ですし、やがてメッキがはがれて自分が大損をします。

　そのような人は、目利きの採点官には、もろにばれてしまいます。

　大学生のレベルでは、ばれなくても、です。

　都市伝説があるように就活伝説もあります。そのなかに、こんなのがあります。

　ある企業の自己PR文を採点していた方が、同じ言い回しが頻出することに気づきました。それは、「スポンジのように吸収する」でした。私はひとりよがりな人間ではなく、きちんと先輩や会社の言うことを漏らさず吸収して行動できる人間です。その能力を表現するために、「スポンジのように」という形容詞が使われていたのです。しかも、相当数。

　なぜだろうと思って調べると、いちばん売れている自己PR文のマニュアル本に、その形容詞が書かれていたのです。多くの大学生が、お、これは使えると思ったのでしょう。

ま、伝説ですので、真偽のほどは不明ですが、みなさんの文章を見ていると、ありうるな、と感じます、それは、前のPARTでもお話しましたが、書き出しが、「私の強みは……です。」、もしくはその類いのものが、ほぼ全部でした。みなさんはどう思いますか。
「自分らしさ」を訴える文章で、「みんなと同じ」でいいのでしょうか。

　なぜ、書き出しがみんな同一なのか。それを解説します。
　ずばり、マニュアル本に書かれているからです。マニュアル本は、企業の採用担当が現在進行で書いていることはないので、その企業ならではのやり方（もちろん、マル秘案件で、外には出ません）は反映できません。つまり、一般論的になります。必然、安心な書き方を奨励することになります。
「……採点官は膨大な自己PR文を見るので、結論は、文章あたまにまず、書きなさい。」で、それを読んだ学生は「私の強みは……です。」とおもむろに、例文通りに書き始めるのです。

　かつて長い間、企業側で採点していた僕から言わせると、文章あたまに、結論が明示されていようがなかろうが、自己PR文は全部読みます。あたまだけでもう読まない、ということは皆無です（あまりに日本語がひどい、あまりに熱意がない書き方は別です）。そのことだけは、はっきり言っておきます。採用する企業側はそんな無責任なことはしません。

安心を求めて、ひな形を探し、それを真似する。それは良くないことです。他人の鋳型に自分を流し込んでいることと同じだからです。その結果、あなたという人間が平均的な人間だと思われていいのでしょうか。

ひな形を見たら、それを鵜呑みにするのでなく、自分で咀嚼して消化してください。あなたの知力、あなたの感性、を働かせて、あなただけのアウトプットをつくってください。そして、それを希望する企業にぶつけてください。それが唯一のサクセスへと続く道なのです。

第4条 言いたいことは、整理整頓すること。

　文章を人に見てもらう時には、いかにして相手にわかりやすくするか、が大切です。
　実は、このことが、あまりできていない学生が相当数います。ま、長めの文章を書いたことがないので仕方がないとも言えますが。

第2条で、問題提起→状況把握→解決→自己の成長、というプロセスのことを述べましたが、この流れが読み手の頭に入ると理解がしやすいです。ここが錯綜し、さらに表現力がいまいちだとわかりづらい読後感だけが残ります。

　僕がそんな学生になりきって書いてみましたので、読んでみてください。

> 私の強みは、コミュニケーションについては誰にも負けないことです。〇〇商店街の町起こしのバイトの時、私たち大学生はひとつの大学だけでなく、5、6校の大学から来ていました。リーダーは商店街の方でしたし、初めはぎくしゃくして、担当する仕事も重複したりしました。私はみんなに元気よく声をかけて歩きました。そのせいで少しずつ人間関係がスムーズになりました。小学校のころから、君がいるとまわりが明るくなるね、と言われてもいました。もうひとつは、塾の講師のバイトです。相手は小学生5年生でした。住む世界がまったく違うので、意思疎通が図れるか心配しましたが、大丈夫でした。成績が上がった子も生み出しました。私は、自分で壁をつくらなければ相手も壁をつくらないんだということを学びました。社会人になっても、コミュニケーションの大事さを忘れずにやってゆく自信があります。

どう感じましたか。ま、内容的には正しいことが書かれていますね。しかし、書き手の人間性は理解できましたか。そのコンピテンシーに納得できましたか。答えは、ノーではないでしょうか。
　こういう正しいけど、もやっとしていて、今一歩よく理解できない文章が、僕の経験では8割くらいあったように思います。ついでですが、この自己PRだと僕は不合格にするでしょう、たぶん。

「もやっと」していて、「すぱっと」頭に入ってこないのはなぜなのでしょう。

①セールスポイントのコミュニケーション力と、それを証明するエピソードの関係がいまひとつわかりにくい。元気よく声をかけて歩いた、君がいるとまわりが明るくなる、大丈夫でした、の3つのエピソードで、コミュニケーション力があると言えるのかが疑問。

②自分で壁をつくらなければ相手も壁をつくらない、のだという「解決」が、やや唐突。

③大学生でのアルバイト経験の間に、小学校時代の話が出てくるのは、無理矢理、入れた感じがする。そのあとに、また小学校関連の話が出てくるので、必要のない混乱が起きる可能性がある。

④問題提起が弱いので、解決力が弱く思えてしまう。

　そんなところでしょうか。自分で書いた文章に突っ込みを入れるのはなかなか難しいのですが（笑）。実は、最大の問題は、④だと僕は思います。④がうまくできれば、①②③も解消するはずなのです。

　何が問題なのか？　そして、それを自分はどう解決したのか。ここをよく考えて、文章を書くことで、整理整頓感が生まれます。

　ちょっとそのポイントだけ整理してみます。

> 私の強みは、コミュニケーションについては誰にも負けないことです。〇〇商店街の町起こしのバイトの時、私たち大学生はひとつの大学だけでなく、5、6校の大学から来ていました。リーダーは商店街の方でしたし、初めはぎくしゃくして、担当する仕事も重複したりしました。私は大学生たちをまとめるサブリーダーがいないのが問題なのだと感じました。そして、なぜ参加したか、の原点をぶつける話し合いが一度もないことも問題だと感じました。そこで、私は、リーダーにサブリーダーの必要性を話し、私にやらせてくださいとお願いしました。そして、サブリーダーになり、みんなで話し合いました。結果、スムーズに前

> 向きにイベントの準備が進み始めました。お互いの気持ちを慮るのではなく、お互いの気持ちをぶつけ合うことこそ、コミュニケーションの原点なのだと知りました。……

　問題提起があるからこそ、解決力が光るということがわかってもらえたと思います。もちろん、その解決力が、その人のセールスポイントになり、読み手をうなずかせることになります。

　もうひとつ、注目してもらいたいのは、問題提起→状況把握→解決の流れで、リーズンホワイの説得度を上げようとすると、文字数がかなりとられてしまうということ。文字数にもよりますが、エピソードを多く書くことより、ひとつのエピソードを掘り下げたほうが賢明だと思います。

　マニュアル本では、箇条書きを使って、整理整頓をし、読み手に「もやもや」を与えないようにとアドバイスしているものもあります。私も、ひとつの方法としてはあり、だと考えます。
　読み手は多くの自己PR文を読みますので、「もやっと」ではなく、「すぱっと」を目指してください。

第5条 読み手はプロだ。嘘を書くとあとで困る。

　この条は、ごく当たり前のことを述べます。

　みなさんは、学生ですが、自己PR文は、社会人への橋を渡す役目をする文書になります。つまり、いつもの学生気分で書いてはうまくいきません。何度も言っているように、マインドチェンジが必要です。

　そのひとつが、書いた物には責任をとるということです。希望の会社に入るために、多少、筆が滑るのはいいですが、嘘はいけません。わからないからいいや、は、あとでとんでもないことになる恐れもあります。

　自己PR文は、次のステップの面接でも登場してきます。面接官はあらかじめその文を読んで、あなたに質問をしてきたりします。さらに、最終面接で、役員の方から突っ込まれるケースもあります。要は、自己PR文が就職のまんなかに位置しているのです。

　自己PRを書くことは、自分がどういう人間なのか、を知ることです。過去の20数年の振り返り、であり、今後、社会人への扉を開く出発点とも言えます。

　氷山の図をまた思い出してください。海面下にある、本質的

PART 3　自己PRは、「私ってどんな人間?」への答え。

な自分価値を、深く考え、感じて、見つけること。この作業は、この先のあなたの生き方にとっても有意義なものになるはずです。がんばってください。

採用官のこころの言葉

上手な文章でもなく、納得できないところもあるけれど、一生懸命、自分を見つめて考えて書いたことだけはわかる。
そんな人とは、一緒に働きたくなる。

PART 3 自己PRは、「私ってどんな人間？」への答え。

PART 4

文章塾 その**3**

小論文は、「説得より、共感」。

お題：
「もっと人間らしく生きるために
必要なことは何ですか。
800字以内で書いてください。」

ポイントは**4**つ。

1 書きながら考えてはいけない。考えてから書くこと。

2 結論、ありき。そこが起点になる。

3 起承転結を正しく理解する。

4 自分の考えで説き伏せるのではなく、共感してもらう。

PART 4 小論文は、「説得より、共感」。

小論文は、みなさんには未知の領域かもしれません。文字数は800字以内にしました。就活では、長文のジャンルに入るでしょう。さまざまな企業が、小論文を就職試験のキーに位置づけています。
　文章塾でのお題は、「もっと人間らしく生きるために必要なことは何ですか。」です。ちょっと難しいテーマでしたか。うまく書けましたか。

　長めの作文は、記述のポイントを明確に押さえていないと、確実に失敗します。書きたいことを羅列するのではなく、全体の構成力が必須だからです。

　小論文は、書き手のすべてがわかると言っても過言ではありません。特に、論理的思考力、情報整理力、伝達・表現力、そして人間力。ごまかしが効かず、大きな差がつきます。生半可に本やネットでスキルを仕入れても、その差は解消されません。あなたの想像以上に、善し悪しが明確に出ることを心得てください。

　この章では、小論文・長文をうまく書くためのポイントを４つにまとめました。とりわけ、「中学校くらいから言葉は知っているけどあまりわかってないです」と学生のみなさんが言う「起承転結」について、例文をあげて解説してゆきましょう。

> **ポイント1** 書きながら考えてはいけない。考えてから書くこと。

　みなさんの小論文を見て、強く思ったのは、書きながら考えているな、ということでした。
　何を書くか、という「切り口」の設定。どう書くか、という「流れ」の構築。What to say と How to say。
　この2点がゆるいので、記述内容が散漫な印象を与え、言いたいことへの集約力が弱く感じられます。考えが空回りしている感触。
　そういう論旨の展開になっちゃうの？ と思わず、「えっ」「うっ」と小声をあげてしまうこともあります（本当ですよ）。「論述」とは、意見や考えを、筋道を立てて述べること。この「筋道」が大切なわけです。人にたとえれば、背骨。背骨がたってないとどんなにおしゃれな服を着ても、チャーミングな立ちポーズにはなりませんね。それと同じ。

　準備が足らないのです。前のパートでもお話しましたが、「60点体質」が見てとれます。「コピペ体質」も感じます。ま、このくらいでいいや、誰かのを参考にしようという姿勢。はっきり言っておきますが、それでは、社会人である採点官を納得させられません。深く考える、という準備が足りていません。しかも、全員ではなく、そのなかには旗が立つような存在感を持

PART 4　小論文は、「説得より、共感」。

つ論文もあるのです。あなたの論文に、旗が立っていますか。

　文筆のプロによって、それぞれスタイルは異なると思いますが、僕の場合、どう準備するかを書いておきます。

①切り口の設定をします。簡略に言えば、お題を受けて、「もっと人間らしく生きるために必要なもの」を探すわけです。
　ちなみに文章塾では、「感動の力」「他人との関わり」「新鮮な発見」「能動的な行動」「誠実であること」などなど、全員が違った切り口を考え、論旨を展開していました。切り口がかぶっていないのは、とてもいいことですね。それぞれ書き手は違う人間なのですから、当然とも言えます。

②切り口の設定が決まったら、どうやって話を転がしてゆくかを考えます。同時に、結論をイメージすることもします。
　ここらへんは、多分に書いてきた量という経験によるのですが、話がうまく展開してゆかない、展開はかろうじてできても結論に新鮮さがない、と思ったら、強行突破は避けて、切り口設定に逆戻りします（ここ、大事！）。
　話の転がしとかは、メモしつつやってくださいね。ノートとか、ポストイットとか、A4のコピー用紙とか。

③切り口設定は、背伸びしてはいけません。また、あまりにも日常ネタ過ぎてもいけません。**普段はそれほど意識していないけど、あなたがやりたいこと、書きたいことを見つけてください。**

「〜たい」がないと、途中で書く勢いがしゅーっとしぼんでいってしまいます。ふくらませた風船に穴が開いたように（こんなたとえはいらないかもしれませんが）。

④いけそうな切り口が見つかったら、ふたつのことを考えます。
　ひとつは、イメージした結論を言語化します。言葉にします。「これっきゃない」というタイトさは必要ではありません。こんな言葉で結論づけたら、読み手に新鮮さを与えるだろうな、を思うわけです。
　ふたつめは、書き出しを具体的に書きます。これは、かなりタイトにやってください。

⑤**切り口、結論の言葉化（タイトでなくてもいい）、書き出しの言葉化（タイトに）のこの３点セットを決めるのが、最重要になります。**
　切り口がないと一行も書けませんから、理解していただけると思います。**「オープニングとエンディングにエネルギーの全部を使え！」**。それが、僕の伝授のエッセンスになります。
　僕の場合、初めと締めの一行に３日ぐらいかかり、それが書けたら、スラスラと中身が書けてしまいます。入り口が悪いと、とんでもない出口に出てしまうことがあるので注意してください。

⑥書き出しと結論がうまく言葉化できない時は、また、切り口に戻ってください。辛い作業ですが、ここを怠けてはいけませ

ん。ま、自分自身にも言っているのですが（笑）。

⑦話の展開については、「起承転結」のところでお話します。

　いずれにしても、よく考えて、上記のような準備をちゃんと整えてから、小論文の山に登ってください。準備が不十分だと、いつまでたっても頂上にたどり着きません。準備は、いくら迷ってもいいのです。結論が見つからずに迷うのは、初めの迷いが少ないからとも言えます。

準備で迷えば、実行では迷わないもの。

> ポイント **2** 結論、ありき。
> そこが起点になる。

　結論、それこそがクライマックスです。小説でも、映画でも。そういう意味では、小論文は、創作物にやや近いのでしょう。推論が良くても、結論に納得感がないと損をします。逆に、推論に疑問符がついても、結論に納得感があれば、得をします。よく読後感という言い方をしますが、結論の善し悪しは、読後感に大きな影響を与えます。

　ですので、書く時には、結論のイメージをあらかじめ持って、書き始めることです（ポイント①で話しましたね）。そして、そこへ文の流れを集約させてゆくのです。どこへ行くかわからないままに書き始めてしまうと、本当にどこかへ行ってしまいます。==もちろん、書いているうちに、違う結論が思い浮かぶ時もあります。それはそれでいいのです。目的地を目指しているうちに、もっと素晴らしい目的地にたどり着くようなものですから。とにかく、結論を起点にして書くこと。それがコツです。==

　==大事なことをもうひとつ。結論は、当たり前ではいけません。意外性がないといけません。==僕の尊敬する先輩コピーライターが、==「結論とは裏切りだ!」==と言ったことがあります。そう、読み手がこうなるのかも、と思って読んでいると、その予想を裏

切って、なるほど！ そう来たか！ と感じさせることが理想です。
結論を言葉にしたものを、「締め」「締めの一文」と言いますが、その重要性ももうわかってくれると思います。

　そうです、忘れずに。もうひとつきわめて重要なことがあります。
　文章塾で書かれた小論文のなかに、結論を冒頭（書き出し）に持ってきているものがいくつかありました。これは損ですから、やめたほうがいいでしょう。小論文は、考えの筋道が大切で、その道を読み手が登りながら、結論という頂きに辿り着き、ああ、いい眺めだなぁ、と感心させるプロセスがポイントです。自分から、こんな眺めですよ、と、ネタばれに踏み込むことはありません。

「私は、人間らしさとは多くの人間と絆で結ばれることだと思います。なぜなら、人間はひとりでは生きてゆけない存在だからです。……（中略）……もっと人間らしく生きるとは、絆をもっと大切にし、一期一会の心を持つことだと思います。」

　原文からヒントを得て、僕が書いた悪文例です。どうでしょうか。
　結論が書き出しにあり、その結論がまた締めで繰り返される。これでは、推論の必要はありません。中の文はなくてもかまわないでしょう。プラス、なんの意外性も裏切りもないことになり、つまらないことこの上もありません。

冒頭に結論が書いてあり、それを展開してゆきつつ、読み手を満足させるという方法論もあります。しかし、それは熟練した書き手でかなえられる高いレベルです。

　では、なぜ、冒頭に結論なのか。それは、自己PR文の書き方と混同しているのではと推測します。「私は、〇〇という強みを持っています。」と、言いたいことをまず、頭に持ってきなさい、とマニュアル本に言われたままに、今度は小論文でもそうしているのではないでしょうか。小論文は、論理的思考力、全体構成力、伝達・表現力などを見るもので、自己PRとは、目的がかなり異なります。

　目的（つまりWHY）を考えましょう。文章を書く時に、いちばん初めにやらなくてはいけないことです。このお題は、どんな目的で出されているか、要確認をお願いします。

　結論のイメージを持つ。在宅書きでなく、その場書きのケースでは、その重要性がより光るはずです。結論のイメージがなく書くのはきわめてリスキーです。途中で、この文章はどこへ帰結するかわからなくなり、時間は迫り、慣れない鉛筆と消しゴム……。もう悲惨なことになります。僕も、この悲惨さを何回か経験しました。

　社会人になると、「ゴールイメージを持って仕事しろ！」と言われますが、ま、それに近いことです。ゴールを考えて作業を

している人と、そうでない人には大きな差がつくものです。

ポイント3 起承転結を正しく理解する。

　次は、「起承転結」です。このメソッドは誰が考えたのでしょうか。今でも、とても有効です。しかし、いまいち、よくわからないという若い人はとても多いようですね。長文を書く時には、意識しておきたい「羅針盤」みたいなものですので、解説してゆきます。以下、僕の注釈です。

「起」は、起点です。
読み手に、興味喚起をさせること。

「承」は、起を承って、方向性を明示すること。
なくてもかまわない。

「転」は、話の転回部分です。
イコール、展開。論旨の展開であり、ストーリーの展開です。

「結」は、結論です。
ここが弱いと全体の印象も弱くなります。

　それでは、思考の経緯も追いながら、どうやって書いてゆくかをみてゆきます。

「日本の豊かさについて書きなさい」というお題を僕が設定されました。

　茫漠としたお題ですねぇ。間口が広いです。でも、前述したように正解を求めるのでなく、自分の考えを書けばいいのですから、気が楽かも（?）。

　いろんな切り口がありそうです。
「グローバル化のなかで取り残されがちな日本。もっともっと世界基準でものごとを考えてゆくべき」
「格差が広がっている。社会的弱者をどう支えてゆくかが必要」
「人との絆を大切にし、助け合う豊かさがある日本」
「茶道とか食文化とか最近ではアニメとか、日本にはクリエイティブなカルチャーがある」
「ものづくり日本。そんな職人精神をもっと大事にしないとこの先、特色がなくなる」

ま、もっともっとありますね、切り口は。僕はこのような切り口を紙に書くこともあるし、電車のなかで思いついたりしたら、スマホにメモしたりしてゆきます。いずれにしても考えた糸口は「思いついたら即メモ方式」でどこかに必ず残しておきます（大事！）。

　結論はどこかなぁ、とつらつら思う数日。ああでもない、こうでもない。普通な結論だといやだなぁ。「もっと日本の文化を海外に売り出そう。そのためには一人一人がクールジャパンのセールスマンになろう」とかは、そんなに驚きはないし、なんと言っても「自分らしく」ないかなぁ。などなど。などなど。いろいろ検索しながら、書店で本を立ち読みしたりしながら。

　ふと思いついたのが、23時ころの渋谷にて。
　仕事の打ち合せを終えて、あるビルの階から、街全体を見下ろすと、ネオンや灯りがきらきらと輝いています。たくさんのビルを見ると、灯りがないビルはひとつもない！と気がつきました。つまり、夜23時にまだ働いている人がこんなにいるんだ！という事実。働き過ぎだよ日本、と僕は思わなかった。こんなにがんばっているのは、なんのため？　それはきっと素敵な人や家庭をもっと幸せにしようとしているからじゃないか。そこには、「思い」がいっぱい詰まっているんだなぁ。「利益より、思いが大切」。それが働くという意味なのじゃないかな、と感じました。
　言葉にすると、「数字を目標にする社会より、思いを目標に

する社会になろう、日本」。それが結論のイメージかな、と漠然と感じました。

　結論のイメージがほぼほぼ見えてくると、「起」を考え始めます。導入部は実に悩み深いものです。読み手をぐいっと引き込むチカラ。なんだろうとダンジョンの奥に向かわせるチカラ。初めよければ、終わりよし。そんな格言、あったけど、実際、なかなか難しい。

　再び、つらつらと考えると、正直に、23時の渋谷を見下ろした時の心の内の衝撃を、そのまま「起」にすればいいかな、と。そして、書き始めます。結論のイメージが浮かぶと、構成がしやすくなります。
　以下、ラフですが、「起承転結」を羅針盤にした文章構成になります。全部は書きませんので、あしからず。

とにかく相手の気持ちを起こすこと。
「起」
「渋谷23時。仕事を終えた深夜近く、高いビルの上から街を見下ろした。大小さまざまなビルがきらきら輝いていて美しい。思わず、スマホで撮影しようとして、ハッとした。その灯りの下で、私より遅くまで働いている人がこんなに数多くいるのだ。なんのために働いているのだろう、日本は。……」

承は、それを受け取り、話の方向性を示してゆく。

「承」

「会社の利益を目指す労働。昨日より数字を伸ばすための労働。それは過去も現在も、日本を導く強力な営みだ。

　一方で、家族のため、愛する人のための労働もきっとある。後者は、前者に較べれば、ささやかだけれど、とてもリアルな思いに満ちている。僕が、なぜ、働いているかと本心を問われれば、そんな思いをかなえるためと言うだろう。……」

示された方向性に沿って、話を展開させてゆく。そして、結論への橋渡しの役割もする。

「転」

「日本が大きくなり、企業は大きくなっても、そこに働き、生活する人が大きくならなければ本当は意味がない。大きくなる。企業だったら、総売り上げ、利益率、株価、設備投資費、人件費比率などなどという、さまざまな数字がある。でも、ひとりひとりの豊かさは、どうやって計るのだろう。…………

　人には「思い」がある。忙しい日常で、ひさしぶりに家族とランチ、が500円弁当でもごちそうになる。利益的にはたいしたことがないが難易度が高い仕事をチームでやりとげた時の快感ということもある。きっと「思いの、ものさし」がないから、僕らは「数字のものさし」でしか、豊かさのことを話すことができないんだ。……」

したがって、私はこう考えます、の部分。小説などでは、余

韻だけを残すエンディングもありますが、小論文ではきちんと考えを言いましょう。たとえば、こんな「結」を考えました。

「結」

「……すぐ僕らは、豊かさは、国がつくるんだと思ってしまう。政治、社会、経済のシステム。でも僕は違うと思う。豊かさは日本国がつくるのではなく、私たちひとりひとりの思いがつくる。その思いが集まって、私たちの日本をつくってゆくのだ。」

　ま、一例ではありますが、「起承転結」のつくり方を、思考の過程も説明しながら、紹介しました。僕が書いた例文は、ややビジネスパーソン的なものですが、もはや大学生の感覚ははるか昔ですので、そこはご容赦をお願いします（笑）。

ポイント4　自分の考えで説き伏せるのではなく、共感してもらう。

　何度も言ってきましたが、「あなたらしい視点」「あなたならではの発見」を忘れてはいけません。ネットの情報の寄せ集めだけでは、見破られます。繰り返しになりますが、そこはきわ

めて大切です。
　専門分野での理論や学術的推論をガチガチに展開するのも得策ではありません。それは、正しいことなのでしょうが、専門分野で研究や仕事をする人以外は、あまりピンとはこないものです。たとえば、あなたが金融業の社員だとして、量子力学を持ち出されて「もっと人間らしく生きるためには」を論じられても困るのではないでしょうか。ところで、君は実際のところ、どんな人間なのか、もっとわかりやすく教えてよ、と感じると思います。

　こんなことがありました。ある営業マンの採点官が論文を読み終えたあと、「ねぇ、黒澤さん、どう思います、この人」と言います。「どうしたんですか」「いや、凄い正しいこと言ってるんですよ、論理的でね。でもね、なんか、この人のこと好きになれないんですよ」。
　僕もその論文を読みました。確かに、頭脳明晰ですが、どこか「1＋1＝2」。それがわからない人は相手にしない、みたいな雰囲気があるのです。
「うーん、おっしゃっている心配はわかります」と僕が感想を言うと、「理屈では、こちらが正しくても、得意先に謝ることもあるじゃないですか。そのほうが明日からのビジネスがうまくいくこともあったりして。でも、こういう人が部下になると、なんで謝らなきゃ、いけないんですか、となりそうに思うんです。営業ですから、わかりました！　一緒に謝りに行きましょう！って、こちらの気持ちを汲んで言ってくれるヤツのほうが頼り

になるんですよね」。

　この話にはすごいヒントがあると僕は当時思いました。賢さは必要だけれど、その賢さで人をねじ伏せるような人はいらない。「共感される賢さ」でないといけない。就職試験は一緒に働きたいと思うヤツを探している、と前述しましたが、自己PRも、志望動機も、作文・論文も、全部そうなのではないか。

　つまり、心を動かしてくれる人間性やコンピテンシーを探し、選んでいる。スキルやナレッジは、社会に出ていくらでも習得することができる。だから、裸の人間として、共感できる人かどうか、ここがキーだと思うのです。

説得しようとする人より、共感をつくれる人。

　そのことを頭のどこかにちゃんとインプットしてほしいのです。そして、その共感できる人間性やコンピテンシーは、やはり一朝一夕ではできないかもしれません。常日頃、自分を磨き続けること、成長をひたむきに考え続けること、そんな気持ちが大事だと思います。

採用官のこころの言葉

学生のみなさま。
お願いしますから、
目の覚めるような論文を！

✓Check!! 書き出しましょう、あなたのコンピテンシーを。

COMPETENCY

☐
☐
☐
☐
☐
☐
☐
☐
☐
☐

PART 4 小論文は、「説得より、共感」。

PART 5

文章塾 その4

評価が高かった作文を
ご紹介します。

文章塾で、とてもいいなぁ、と共感した作文をいくつか、見ていただきます。パクリ禁止でお願いしますね。

その人らしさ、が出ているか。
考えの深さが出ているか。
強い思いが込められているか。

　を、確かめながら読んでみてください。そして、自分はこのレベルの文章を書けるかどうか。自問自答してみてください。書けると思った人も、書けないと思った人も、とにかく一度、試しに書いてみることが大切ですね。傍観者ではなく、当事者としてのマインドで。

PART 5　評価が高かった作文をご紹介します。

自己PR文 あなたの自己PRをお書きください。(400字以内)

> 「普通コンプレックス:唯一無二にこだわる努力家」
> 私は普通の人間だからこそ、自分だけの価値が認められる「唯一無二」にこだわって努力します。そのエピソードとして「チアダンスサークルでセンターポジションを得たこと」があります。チアダンスサークルでは私だけ初心者で「一番下手」のレッテルを貼られていました。そんな自分をチームやキャプテンにどう魅せたら、90人中たった一つのセンターポジションに立つことが出来るのか。その切り口を考え、行動していました。それは目に見える上手い下手ではなく、ひたむきな努力や熱意・チームとの関わり方といった、自分だけの存在価値を魅せることです。3年間地味な努力を続けた結果、キャプテンにその存在価値を認められ、引退公演でセンターポジションに立つことが出来ました。普通コンプレックスゆえに「唯一無二」にこだわって地味に努力する。その力は誰にも負けません。

[解説] 400字で共感を持たれる自己PR文は、プロでも悩んでしまうほどの高い難易度があります。自分のセールスポイントをキャッチーに表現していますね。自分は普通の人間だけれど、そう認識しているからこそ、たくさん努力をしてやってゆこうとする決意。なるほど力、あります。努力は生半可な才能など、軽く凌駕します。それが社会人の世界。

作文 あなたの好きな街を教えてください。また、その理由も教えてください。(400字以内)

> 御茶の水　黄と赤の路線をまたいで、こぢんまりした橋の似合う、その街は広がっている。北には大学や病院が並び、南には書店、画材屋、楽器屋、あと進学塾も。渋谷や新宿に比べるとコンパクトな地域には高校生ひとりの体をいっぱいにする場所が詰まっていた。放課後、まだ車のペダルを知らない足が存分に歩き通す。部活で使う油絵具を補充して、どきどきしながらギターのピックをつまみ、そうしたらやっぱりいきつけの丸善。新刊の香りを浴び、今日出会う本の予感に胸がざわめく。時間があったら気分次第、神保町や秋葉原に足をのばしてもいい。それは私のもう五年以上前の日々。大学がはるか西になって訪れることも減ったけれど、時々途中下車して改札を抜ければ、戻ってきた、とほっとする。気づけばあの日常は己を構成する厚い地層となっていたのだろう。そして故郷のように私を育んだこの街は、今もまた誰かを育んでいる。行き交う制服姿に、密かにほほえむ。

[解説] 文章が上手というのは、大きなアドバンテージだなぁと感じさせられる作文です。高校生の時の心の動き、それを見守るような御茶の水の街。ふたつが共に響き合いながら、青春を生きている。好きな理由が、読み手に清々しく沁みてきます。最後の数行がとても効いていて、読後感が強く残ります。

小論文 もっと人間らしく生きるために必要なことは何ですか。800字以内で書いてください。

　もっと人間らしく生きるために必要なことは何か、鉛筆を主語にして考えてみた。

　鉛筆にはどれだけ人間らしさがあるのだろうか。鉛筆は、使えば使うほど短くなり、最終的には消えてなくなってしまう。寿命があるという意味で人間らしい。また、使い始めは長くて使いづらいが、少し短くなると使いやすくなる。逆に、短すぎると使いづらい。人間が、20歳から30歳にかけて、体力のピークを迎えることを考えると、これも人間と共通の性質かもしれない。また、鉛筆を丁寧に使わず、荒々しく使うと折れてしまい鉛筆の寿命は縮まる。人間も、体を大切にしないで、負担をかけ過ぎると早死にする。また、最初は家族と一緒にいたとしても、それぞれの人生があり、最終的にバラバラに生活するのを余儀なくされることも人間と同じだ。また、鉛筆は使われる対象である。鉛筆の自発的意思に関係なく、こき使われ、時には、疎外される。人間と同じだ。人間の中にも、自分の意志や想いに反して、法律、しきたり、名誉、給料、雰囲気、立場、価値観など有形無形に関係なく多くの外部的環境に支配され、生活や行動をある種強制されながら生きている人たちがいる。私もその中の一人なのかもしれない。

　ここまで人間らしい鉛筆が、更に人間らしく生きるためには、何が必要なのだろうか。人間にヒントを見出そう。

> 外部的環境に影響され、一見受動的に生きている人間の中にも、自分の好きなことを行なって、自発的に生きている人達がいる。鉛筆に足りないのは、この能動性である。鉛筆も能動的に自分の人生を選択することで、もっと人間らしく生きられるだろう。確かに、社会にムーブメントを起こすことは難しい。しかし、今のままでは鉛筆たちは一生こき使われる人生である。それこそ、この世から鉛筆が絶滅する時が来るかもしれない。時は待ってくれないのだ。今こそ鉛筆たちが自分たちの主張をすべき時だ。鉛筆たちよ、立ち上がれ。

[解説] 鉛筆というモチーフを大胆に用いて、印象にとても残る論文です。「変化球過ぎるでしょうか?」と書き手の学生は少し不安そうに言っていましたが、問いにきちんと答えています。ただ、モチーフものは、ハマらないとピンぼけになるので、注意も必要。この作品の場合は、説得力を増すほうに働いています。

**採用官の
こころの言葉**

笑顔とおなじくらい、
ロジックも大事。

✓Check!! 書き出しましょう。あなたを成長させたエピソードを。

EPISODE

- ☐ ....
- ☐ ....
- ☐ ....
- ☐ ....
- ☐ ....
- ☐ ....
- ☐ ....
- ☐ ....
- ☐ ....
- ☐ ....

PART 5 評価が高かった作文をご紹介します。

PART 6

文章塾 その**5**

マスコミ志望者は、対策を怠ったら、負け。

マスコミ系企業を目指す方は、やはり文章力がかなり必要になります。一般企業とマスコミの作文は、どこが違うか。それは、アイデア力です。アイデア力は発想力と言い換えていいでしょう。クリエイティビティ（創造性）の根幹の部分でもあります。そこに重きを置く評価がなされます。

　アイデア力についてはそれで一冊の本が書けるくらい、時代が求めている能力でありながら、身につけるのがとても難しい、奥深いものです。

　僕のいた広告会社では、クリエイターと呼ばれる職種の人間は、アイデア力がないとなかなか仕事がうまくいきません。コピーライターもデザイナーもＣＭプランナーも、です。クリエイティブスタッフが連日、打ち合せでアイデア出しをしても、大ヒット！なアイデアはそう簡単には出てきません。本当に出てこなくて、神様にお願いしたくなることもよくあるんですよ。僕は、神社で実際に、神様に「どうか、アイデアが降りてきてください、僕だけに」とお願いしたことがあります（笑）。

　アイデア力とは何か。
　それは、ある状況をブレイクスルーする力のことです。困った状況、悩み深い状況にあるビジネスは、普通の発想で努力の量をいくら増やしても、解決できません。今置かれている「次元そのもの」を変えないと、真のソリューションは訪れないのです。

まだ、みなさんは、学生ですので、ビジネス社会のことはよくわからないかもしれません。でも、バイトをしている時に、「これって、担当の人数や労働時間を増やしても解決しないんじゃないの。根本から変えないと」と思ったことはありませんか。そう、今、社会では、正しいやり方も、あっという間に正しくないやり方になる、そんなことがたくさん、そこかしこで起こっているのです。

　たとえば、こんなお題が出たりします。
「駅前の八百屋さんが、近くにできたスーパーに押されて、売り上げが落ちています。売り上げが伸びるような販促のアイデアを考えてください」。うー、これはどうしたらいいんだ、となりますね。八百屋さんの場所とか、扱っている野菜の種類とか、ちょっと情報が提示されていたりもします。でも、困っている状況を、どうあなただったら、ブレイクスルーできるか、を問うているわけです。

　はっきり言っておきますが、アイデア力を短い期間で伸ばす妙薬はありません。もし、それができるようなことが書いてある本やサイトがあったら、それは「あやしい」コンテンツだと思ってください。
　しかし、僕の経験知から、日頃、訓練する方法はあります。以下、6つの習慣を列挙しましたので、参考にしてください。

①世の中にある商品やお店やサービスに対して、改善するとし

たら、どうするんだろう、と考える習慣をつけておくこと。街を歩いたり、電車に乗ったり、そんな日常のなかで、です。「発想体質」へ自分を変えること。

②ちょっとした思いつきは、必ず、言葉にしてメモをしておく。絵が上手な人は絵でもかまいません。頭にあるものをカタチにする訓練です。

③アイデア力や発想力で、「時代を変えたもの・こと」を、なぜそんなことが思いついたんだろう、と自分でバックキャスティングをする。イノベーションのタネに興味を持っておくこと。

④社会の情報とか動向に敏感になっておく。自己中心的な情報摂取では、アイデアはなかなか湧いてきません。

⑤感受性を大事にすること。論理の先にアイデアがあるのではなく、感性の先にアイデアがあるケースが多いものです。

⑥1＋1＝2は間違いだと思うこと。常識を実行するのではなく、常識を変える人間になろう、と意識すること。

いちばん大切なのは、日頃から、アイデアを考える習慣を身につけておくことです。不思議なことに（当たり前かも）、アイデアの量が多い人ほど、優れたアイデアを生み出す人です。 ですので、入社してずっと、「君のアイデア、つまらないねぇ」などと言われても、一生懸命、アイデア出しにくらいついてきた人が、5、6年後、ヒット・アイデアを連発するようになったりします。

マスコミ志望の方は、いっぱい発想し、いっぱい感じる日常

PART 6 マスコミ志望者は、対策を怠ったら、負け。

==を意識して送ってください。==

　==キャッチコピーを書く訓練をすると、発想力がつきます。これは秘かにおすすめ==。世の中の「こと・もの・ひと」を、普通に言葉にしたら、だーれも見向きもしないので、視点や意味を新しくする、そんなスキルがたっぷりと身につきます。抜群のトレーニングになります。

　マスコミと言っても、新聞社、出版社、テレビ局、制作会社、広告会社などで、少しずつ作文の出題意図や評価が違いますので、そこは注意が必要です。OG・OB訪問も欠かさずに実行しましょう。
　いずれにせよ、アイデア力、発想力、情報感度の高さ、周囲や社会への共感度、のコンピテンシーは必ずないと難関を突破できません。
　充分過ぎるほどの対策を立て、日頃から意識して戦いましょう。そのひとつとして、作文・論文対策は、くれぐれも怠り無く。この本を読んだだけで満足してはいけませんよ。実際に書くトレーニングを今日からでも始めてくださいね。

採用官の
こころの言葉

変わったことをするのが、
アイデア力ではない。
正しいことを大胆にやるのが、
アイデア力。

PART 6 マスコミ志望者は、対策を怠ったら、負け。

PART 7

座談会

就活奮闘中の、
文章塾の経験者に
聞きました。

> 就活の入り口は、文章を書くこと。これがダメだと自分の存在が消えてしまう。未来を決める文章なんだなぁ。

ぶっつけ本番で書くのではなく、自分のレベルを知るために、力試しが絶対に必要。

江花松樹さん（立教大）、冨田夏花さん（青山学院大）、大江 遥さん（聖心女子大）、いずれも黒澤塾の参加者で、只今、マスコミ中心に就活中。お忙しいところを集まっていただきました。ESの提出がほぼ終わり、次の面接のステップに向かいつつあります。須藤佳祐さん（明治大）は、その面接のため途中参加になりました。

黒澤 ところで、文章塾は役に立ちましたか？
大江 ありきたりの文章！って、当日、言われました（笑）。実は、すごくびっくりしたんです。自分でかなり気合いを入れて書いて提出した自己PRだったので。えっ、嘘って。でも、衝撃的に自分のレ

大江 遥さん

られた文章がOBに見せた時に、いろいろ突っ込まれたこと。褒められた文章は個性的で思い入れが強くって、ややリスクはあると思っていました。そのリスクの調整は難しかったです。

黒澤 で、どうしました？

冨田 理解しやすさを大切にした文章にしたら、結果は良かったです。そういうことを判断できたことも塾に参加したからだと思います。すごく勉強になりました。

PART 7　就活奮闘中の、文章塾の経験者に聞きました。

ベルがわかりました。そこがすごく良かったです。テーマも書き方も変えて、すべて考え直しました。結果、ESはうまくゆきました。

江花 今の大学生は、人に伝える文章ってほとんど書いてないんです。だから、就活の時が、初めての目的を持った文章書き。それを、ぶっつけ本番じゃなくて、塾であらかじめ力試しができて、本当にいいきっかけになりました。

冨田 私もすごく自信がつきました。ひとつ悩んだのは、塾で褒め

書けてないと次に行けない。行けても、面接でうまくしゃべれない。

黒澤 ESって、全体の就活のなかでどんな位置づけだと思いました？

江花 いやー、ものすごく大きいです。やっぱり書けないと、しゃべれないんです。自己PRも面接も、結局は自分のことを伝えるわけですよね。だから、自己PRが自分のなかで確信あるものになってい

ないとしゃべれないです。ある企業であまりしっかり考えてない自己PRを出したら、早速そのポイントを鋭く質問されました。さすが、もうお見通しなんです。ああ、やっぱりそこ来たかぁ〜と思いましたが、必死に平静を装いました（笑）。

冨田 ESが通らないと、先に行けないんです。就活を始める前もわかってはいましたが、実際やってみてこわいくらいに実感しました。私もすごく大きいと思います。未来を決める文章なんです。

大江 ESが通って、次のプロセスに進んでも、また作文や論文があったりします、特にマスコミは。入り口でもあるし、その後もずっとついてまわるやっかいなものです（笑）。

過去の経験、今の自分らしさ、これからやりたいこと、はひとつの線上にあるべき。

黒澤 自己PRってすごく難しいですよね。僕も、書けと言われたら本当に悩んでしまいそうです。みなさん自己PRをどう進めてゆきましたか。

江花松樹さん

冨田夏花さん

江花　OBの方などにアドバイスされたことがあって、それを基本に進めました。「自分史」をつくることをやりました。自分がいい意味で変わったことや、自分らしくがんばれたこと、を振り返りながらいっぱい書き出しました。エピソードの徹底的な洗い出しです。

冨田　エピソードを絞り込んで、自分の強みを見つけてゆくのは、かなり不安な作業でした。いろんな経験をしているような、していないような。本当に考え抜いて、もうこれしかないと思うまで深く進めました。

黒澤　誰かに見てもらったりしました？　チェックパーソンです。

江花　僕はやはりOBです。OBにいくつかのパターンを書いて持ってゆき、何も説明をせず、ただ見ていただきました。採点する方も説明無く見るわけですので。とても参考になりました。あと親です。いちばん近くにいる社会人で、かつ僕の小さい頃からを知っているので、いい意見をもらえました。見せるのは照れくさかったですけど。

冨田　私の親は、まあ、がんばってやりなさいくらいで、あまり頼りになりませんでした（笑）。私もOBに見せました。4つくらい

PART 7　就活奮闘中の、文章塾の経験者に聞きました。

のパターンを用意して、いちばん食いつきのいいものを大切にして、育ててゆきました。

大江 私もそうですね。強みとエピソードとの関係は特に気をつけました。何をテーマにするか、でエピソードもいくつか持っているほうがいいかもしれません。

黒澤 企業によって、エピソードは変えることもあるということかな。

大江 そうです。ただ自分らしさの芯は変えませんでした。そこはあまり変えるべきものではないような気がしたので。

江花 過去のがんばったことと、今の自分らしさと、これから会社でやりたいことは、ぜんぶひとつの軸にのってないといけないと思いました。そこがぶれると、面接でもうまくいかないかなと。この軸を見つけるのは、実はESを書く時に、なんですよね。だからすごく重要で、初めが書けないと最後までうまくゆかないんだと僕は思います。

（ここで、須藤さん、登場。自己紹介のあと、輪に加わりました）

須藤 今、面接が終わり駆けつけました。黒澤塾には、2、3回、参加しました。ESを書いている時に、自分の文章をまとめるのが上手になったな、と感じ、これも就活前に書く練習をしたおかげかなと思いました。いろいろな企業にエントリーしましたが、集中力を持って書けているのも、塾のおかげかもしれません。

須藤佳祐さん

自分の言葉で書くこと。
自分らしさを見つけるまで考える大切さ。

黒澤 はい、ありがとうございます。では、あらためて。文章を書く上で困っていることなどありますか？

大江 私はこれから1時間で800字の作文があるのですが、準備はどうしたらいいでしょうか。

黒澤 それは大変ですね。「その場書き」は、一回、試しに書いたほうがいいですよ。
僕は、就活の時、結論がなかなか思いつかず、大失敗したことがあります。

江花 僕は、漢字が出てこなかったです（笑）。パソコンだと変換してくれますけど、鉛筆と消しゴムだと変換してくれません。あれっ、出てこないと思っているうちに時間が過ぎてしまって。

大江 そうですか。漢字は確かにそうかも。練習しないといけませんね。今日参加して良かったです（笑）。

冨田 箇条書きにするかどうか、は迷いました。

黒澤 なるほど。そういうことがとても気になりますね。ESでうまくゆかないと次がないですから。

冨田 箇条書きのわかりやすさはありますが、思いが、あるリズムで伝わらない気もして。

黒澤 そこは迷いどこですね。たとえば、作文で、要点を3つにまとめてあったりすると、なぜ4つ

黒澤 自分の言葉で書けるレベルまで、熟考しないといけないということでもあるよね。

江花 そうです。

須藤 僕はマスコミふくめて広い業界業種を受けていますが、かなり評価基準が違うのを感じます。書くことをアレンジするかどうか、そこはとても難しいですが、でも自分らしさが芯にあればいいのかなと。無理して書き分けて、自分らしくない強みをセールスしても、のちのち困る気もします。

じゃないの？足らなくない？と感じたこともあります。ケースバイケースですね。企業や業界によって、違ってくるとも思いますし。僕自身はなんでもかんでも箇条書きにするのは良くない派です。

江花 僕は自分の言葉で書くことがとても大事だと思いました。もちろん、企業によって内容は少し違うし、それを意識しないといけないと思いますが。

黒澤 今の大学生にとって、ESや作文・論文は就活にきわめて大切なだけでなく、自己を見つめる人生の成長のステップとしても大切なものだと思っています。みなさん、既に塾の時よりも成長されているように見えますよ（笑）。がんばってください。思いがかなえられることを心から願っています。今日はどうもありがとうございました。

文章塾特別付録

これだけ押さえれば、うまくいく。
解決！文章の8つの悩み。

この章は、書いている時に、
ふつふつと生まれる文法や書き方の悩みを、
僕のライターとしての実務経験に基づき
解決しようとしたものです。
実際に、書き手のみなさまと話しながら、
お悩みポイントを8個選定しました。
ああ、これある！ある！そんなポイントばかりのはず。
就活時だけでなく、これからみなさんが社会人になって、
文章を書く際にも、役立てていただけたらと思います。

「、」と「。」の打ち方。

● 基本的に、句読点（くとうてん）「、」「。」はあまりナーバスにならないようにしてください。打ち方をルーズにせよ、という意味ではありませんが、こだわり始めると一歩も前に進めなくなります。

● 読みやすさ、わかりやすさのための区切りの記号が、「、」「。」と心得てください。

接続詞の後には、「、」がある。

例文A

> しかし現場では定められたマニュアルがないのでかなり混乱している状況がある。

「しかし」のあとは、「、」が必要でしょう。接続詞のうちでも、話の転換を強く図るもののあとは、「、」を打ったほうがわかりやすいのです。「さて、」「ところで、」「いや、」「とはいえ、」「そうは言っても、」などです。

「ないので」のあとも、僕は「、」をつけます。区切りをつけたほうが読みやすいからです。「状況が」のあとはいりません。

「状況がある」で、ひとつながりの語句だからです。

　ちなみに、例文Aに「、」を打ってみます。

　　しかし、現場では定められたマニュアルがないので、かなり混乱している状況がある。

確実に読みやすくなりました。

　接続詞のうちでも、強い転換ではないものは、「、」がなくても成立はします。最近の傾向として、「、」無しもよく見かけるようになりました。
「また、」「しかも、」「ちなみに、」「したがって、」「だから、」「つまり、」などです。

例文B

　　また日本では学生の就職率は回復傾向にあります。

　　したがって参加者の年齢をもっと高めに設定するとします。

　ふたつの文章とも、まぁ成立しています。「、」ありのほうがわずかに読みやすいとは思いますが。

> また、日本では就職率は回復傾向にあります。
>
> したがって、参加者の年齢をもっと高めに設定するとします。

　グレーゾーンもあります。
　副詞、「もちろん」。強めの転換語句なので、私は、「、」をつけますが、なくても成立している「気」もします。ここらへんはかなり感覚で、あなたの「決め」でかまいません。

例文C

> もちろん結果にこだわらずアクションは早めに始めるべきです。

　ただし、同じ意味の「無論」は、漢字になったとたん、「、」がないと成立しません（「勿論」は、あまり使われなくなりました）。

> 無論結果にこだわらずアクションは早めに始めるべきです。

　漢字が連続する時は、必ず「、」をつけてください、ということになります。次に漢字が来た場合は読みづらく困ります。

結論としては、接続詞のあとは「、」をつける、が間違いのないやり方です。それをルールにするのがいいでしょう。
　副詞のなかでも、「もし」「おそらく」「決して」などは同様のルールでいいと思います。

「、」がないと、誤解を生む文章があります。

例文D

渡辺刑事は血まみれになって逃げだした賊を追いかけた。

さて、血まみれになったのは渡辺刑事なのか。賊なのか。

渡辺刑事は血まみれになって、逃げだした賊を追いかけた。

なら、渡辺刑事は、あら大変! 血まみれになります。

渡辺刑事は、血まみれになって逃げだした賊を追いかけた。

　これなら、賊が血だらけで、がんばれ! 渡辺刑事になります。「、」の位置で、「血まみれ」の語句が誰に係るかが変化します。

　実は、この手のどっちつかず型は意外と書いてしまうことが多いものです。

たとえば、次の2例。

列車は光り輝きながら朝を迎えた街を通り過ぎた。

5万円のテレビの台を買った。

などです。「、」次第で、意味が変わってしまい、大きな被害を及ぼします。要は、修飾語がどこに係るか明示する役割を「、」は持っているのです。

列車は光り輝きながら、朝を迎えた街を通り過ぎた。

なら、「光り輝きながら」の修飾は列車に係るわけです。おわかりだと思います。意外と多い間違いですので、注意が必要です。

5万円のテレビ、の台を買った。

台が5万円と誤解されたくなければ、このように「、」を打てばいいわけです。

主語のあとには「、」を打て。

これはよく言われているルールです。が、なかなか難敵です。

例文E

ブランディングとは、顧客との絆をつくり続ける行為です。

主語の後ろに読点を打つと、主語が明示される効果があり、文がわかりやすくなります。
よく頭を混乱させるのが、次のようなケース。

ブランディングとは、顧客との絆をつくり続けることが一番大切と考える行為です。

ややまだるこしい文章で、述語のなかに主語らしきものがある場合です。「つくり続けること」がそうです。しかし、主語の優先順位はあくまで「ブランディング」ですので、そちらを大切にしましょう。ただし、以下のように読点を打っても問題はありません。

ブランディングとは、顧客との絆をつくり続けることが、一番大切と考える行為です。

思わず、以下のように読点を打ってしまうことがありません

か。主語が混乱する、悪い打ち方ですね。

> **ブランディングとは顧客との絆をつくり続けることが、一番大切と考える行為です。**

20文字に「、」はひとつが目安と考える。

　この目安、「なんだか句読点が多くて読みづらいな」「少なくて読みづらいな」と思った時の判断に使ってください。

　以下は、打ち過ぎの例。

> **ブランディングとは、顧客との絆をつくり続けることが、一番、大切と考える行為です。**

　上記の文は、「一番」「大切」の語順が漢字漢字してしまうので、打ってみようかな、と打った例。逆に読みづらくなっています。

　経験上、20文字に「、」はひとつくらいが判読しやすいように思います。上記のように、36文字に3つは、やや多く、読みづらくなるものです。漢字漢字のぶつかりがいやであれば、「一番」を「いちばん」に開けば解決しています。

列記や並列する時には、「、」が必要。

このルールは、あまり間違えることはないと思いますが、やっかいな時もあります。

例文F

来週の月曜日から、ニューヨーク、ボストン、ワシントンを研修旅行で回ってまいります。

列記です。この場合は、「・」より「、」です。注意すべきはそこそこの頻度で見られる以下のようなケース。

来週の月曜日から、ニューヨーク、ボストン、ワシントン、を研修旅行で回ってまいります。

ワシントンのあとの「、」は不要です。意味は変わらないので、どうしても打ちたければ打ってもかまいませんが、なるべく「必要最小限」に「、」を使用するほうがいいのです。多過ぎに注意です。

次に、並列する時の「、」です。

例文G

> ニューヨークでは支社に立寄り支社長に挨拶し、ボストンでは通訳なしで会議に出席し、ワシントンでは商務省のキーマンに会い私たちの考えを直接伝える予定です。忙しすぎるほどの出張になりそうです……

3つの都市での業務内容が列記されています。それぞれの都市ごとに「、」で区切っているのでわかりやすいですね。ただし、悩みどころがあります。「、」を打ちたくなる箇所が他にもありますね。打ってみましょう。

> ニューヨークでは、支社に立寄り、支社長に挨拶し、ボストンでは、通訳なしで会議に出席し、ワシントンでは、商務省のキーマンに会い、私たちの考えを直接伝える予定です。忙しすぎるほどの出張になりそうです……

さて、どうしたものか。ここで、思い出してほしいのが、20文字に読点ひとつが目安というルール。

「ニューヨーク〜予定です。」までが、句読点ふくめずに72文字。そこに「、」が7つありますので、多いですね。3〜4つが適切でしょう。

「ニューヨークでは」「ボストンでは」「ワシントンでは」は、

主語的に使われているので、そのあとの「、」を活かすとします。ちなみに、主語は「私」ですが、この文章では省略されています（日本語ではこの主語隠れが多発します）。

> **ニューヨークでは、支社に立寄り支社長に挨拶し、ボストンでは、通訳なしで会議に出席し、ワシントンでは、商務省のキーマンに会い私たちの考えを直接伝える予定です。忙しすぎるほどの出張になりそうです……**

3つの都市で行う行動が、「、」で区切られることでシンプルに読み手の頭に入るように思います。

実は、もうひとつの問題点がこの例文にはあります。それは、センテンスを一息に読めるのが、75文字程度だということ。現在は、60文字くらいが適切だと思います。
「ニューヨーク〜予定です。」は、句読点をふくめればその75文字を超えています。ですので、だらだらっとした読後感を与えています。解決方法のひとつをあげておきます。体言止めを使います。

> **ニューヨークでは、支社に立寄り支社長に挨拶。ボストンでは、通訳なしで会議に出席。ワシントンでは、商務省のキーマンに会い私たちの考えを直接伝達。忙しすぎるほどの出張になりそうです……**

どうですか。シャキシャキとした文章になったのではと思います。

句点「。」の注意は、ひとつだけ。

　句点は、一文の最後に打たれます。その時、通常、最後に表記される記号とバッティングすることがあります。注意をしておきましょう。

例文H

> **なんと鮮やかな結論なのだろう?。**
>
> **そこまでロボット技術は進化していたのか!。**

　これは両文ともに、間違いです。「?」と「。」は共存しません。「!」と「。」も同様です。さらに、会話文の「」(かぎかっこ)との関係もあります。こちらはかなり複雑です。

例文I

> **「今月いっぱいには、結論を出すようにしましょう」。そう先輩がアドバイスをくれました。**

　かぎかっこの後に、句点が正解です。だから、例文Iは正解。

しかし、小説などの表記では、

「今月いっぱいには、結論を出すようにしましょう。」
そう先輩がアドバイスをくれました。

という表記もあります。この用法では、次に来る一文が行を替えて表記されることがほとんどです。さらに、会話文のかぎかっこの後に、句点をまったくつけない表記もあります。この場合も、次の一文は行替えになることがほとんどです。

「今月いっぱいには、結論を出すようにしましょう」
そう先輩がアドバイスをくれました。

表記にはいくつかの種類がありますが、シンプルに、かぎかっこの後には句点、と覚えておくのがいいと思います。

次に、注釈のための括弧（）とぶつかる場合の表記です。

例文J

関東地区での好感度は1位をキープしています（2016年6月現在）。

括弧も全体の文章とみなし、括弧後に句点をつけるのが一般的です。ただし、例外の規定もあります。文章全体の注釈、筆

者名、クレジットなどは、括弧前に句点と定めています。(共同通信社「記者ハンドブック」による)

　たとえば、

> **私のメールに対する返信の全文を紹介します。(原文のまま)**

> **人生はひと箱のマッチに似ている。(芥川龍之介)**

というような場合です。細かい規定なので、私は一般的な文書においては、句点は括弧のあとにつけるとしていいように思います。

修飾語と被修飾語の距離について。

修飾語と被修飾語とは、次のようなものです。

すごく大きい声➡すごく大きい（修飾語）声（被修飾語）
鳥のように飛んだ➡鳥のように（修飾語）飛んだ（被修飾語）
涙ながらに語ったこと➡涙ながらに（修飾語）語ったこと（被修飾語）……

　文章がリアルだったり、よく伝わったり、情緒を感じたりするのは、この修飾後と被修飾語の取り合わせによるところがとても大きいのです。
　ところが、この取り合わせが乱れることがよくあります。特に、学生のみなさんをふくめた若い世代は要注意です。

　たとえば、

例文A

どっと観客がシュートの瞬間、沸いた。

例文B

どっと満員の観客がシュートの瞬間、沸いた。

例文Aは、まあ、普通の文章ですね。例文Bはどうですか。これは、ちょっとよれてる感じがしますが、その理由は？そうです、修飾語と被修飾語が遠くになってしまい（「満員の」が入っただけなのですが）、何を修飾しているか、されているかがわかりづらくなってしまったからです。

　改善すると、

> **満員の観客がシュートの瞬間、どっと沸いた。**

となり、すっきりとしました。「どっと」（修飾語）が「沸いた」の隣に来て、「どっと沸いた」というひとかたまりの、本来あるべき関係になっているからです。

　で、この改善した文章と、例文Aを較べてみてください。

　まぁ、普通の文章だと感じたAも、実は改善の余地がある文書だったとわかると思います。「どっと」と「沸いた」の位置が少し遠いのです。ただ、Bと較べて「許せる遠さ」なので問題を感じなかっただけです。

　この遠距離状態が生まれるのは、人が書くときの脳の働きが原因だと僕は信じています。つまり、すごいシュートを見た時に、その状態を強く伝えるためにはどうしたらいいか、まず直感的に思うのはそのことなのです。「沸いた」という被修飾語をそっちのけにして、どう飾ったらいいのかを考えます。したがって、まず頭に浮かぶのは、「どっと」です。そして、その次に「沸いた」と続けてしまうと、主語のない意味不明の文章

になるので、その間に文章を入れてしまい、ふたつの言葉の距離は必然的に離れていってしまうのです。

　もうひとつ、やや複雑な構造の、遠い修飾語と被修飾語の関係があります。これもよく出てくるので、注意がいります。

例文C

私が感化された、キャンパスの清潔なたたずまいと優れた社会学の教育により、人一倍成長できたと考えています。

　悪文チックな匂いのする文章ですが、間違いであるとも言えません。でも、スムーズに頭に入ってこないことは確かです。理由は、修飾語と被修飾語の関係が複雑になっているからです。この文の構造を考えてみるために、「文の骨格」だけを取り出しましょう。

私が感化された、キャンパスのたたずまいと社会学の教育により、成長できた。

となります。「私が感化された」が修飾するのは「社会学の教育」でしょうね。「感化された、たたずまい」は、あまり使われない日本語です。「感化される（修飾語）」「たたずまい（被修飾語）」の関係が濁っているので、違和感が残るのです。どう改善するか。やってみましょう。

> **清潔なキャンパスのたたずまいと、私が大いに感化された社会学の教育により、人一倍成長できた。**

「大いに感化された」という修飾語を、はっきりと「社会学の教育」という被修飾語にひもづけてあげることで、わかりやすくなりました。修飾語を関係のない被修飾語に気分でひもづけてはいけません。

　修飾語と被修飾語はなるたけ近くに置くこと。はっきりと関係づけること。それが絶対的なルールになります。
　このルールのチェックのコツは、書いたあとにもう一度見返すとはっきりわかります。なんかよれている文章だなと思った時、この遠い関係が原因であることがよくあります。見返す時の念入りチェックをおすすめします。

主語と述語の
ねじれについて。

　これこそ、悪文を生み出す元凶、ナンバー1かもしれません。主語と述語の「ねじれ」。プロのライターでもこの罠にかかり、あとから冷や汗をかく時もある、手強いヤツです。
　では、見てゆきましょう。

例文A

レポートの提出期限は、金曜日の朝までに、必ず全員がやってきてください。

　まぁ、こんな悪文ない！というくらいのを出してしまいました(笑)。この「ねじれ感」はどうですか。この文、書き手の言いたいことがわかってしまうのがくせ者です。ただ、確かに「ねじれている！」の実感あり、ですね。
　さて、「修飾語と被修飾語」の項でもやりましたが、この文を骨格だけにしてみます。
　この「骨格チェック」は、いろんなケースで使える方法なので、ぜひ多用してください。

提出期限は（主語）、やってきてください（述語）。

これはまずいですね。「期限は、やってきてください」とは、日本語としてつながらないからです、
　改善すると、

提出期限は（主語）、〜までです（述語）。

が普通のつながりですから、この骨格にのっとってこしらえ直すと、

> **レポートの提出期限は、金曜日の朝までです。必ず全員がやってきてください。**

　気持ちいいですね。こんな簡単なことなのですが、不注意で「ねじれ」ができてしまうので、油断しないように。
　そうそう、改善のコツは、1文を2文に分けると、うまくいくことが多いので、覚えておいてください。

例文B

> **最近、宣伝部は、すぐれたクリエイティブに基づいた広告づくりだけでなく、コミュニケーション戦略トータルのコスト管理にも重きがある。**

　ちょっと複雑にしました。意外とすんなり読んでしまった方もいるかもしれません。まず、骨格だけにしてみましょう。

宣伝部は（主語）、〜重きがある（述語）。

　これは、日本語として成立せず、です。正しい骨格をつくると、

宣伝部は、〜重きが置かれる。

　または、主語も座りをより良くするために、述語を活かしたまま、

宣伝部の機能として（は）、〜重きが置かれる。
宣伝部の役割として（は）、〜重きが置かれる。

とすると、よりいいと思います。

　では、改善。

最近、宣伝部の役割として、すぐれたクリエイティブに基づいた広告づくりだけでなく、コミュニケーション戦略トータルのコスト管理にも重きが置かれる。

　さらにもうひとつ。例をあげてみます。

例文C

この生活者調査の目的は、ブランドづくりをより強固にす

> **るための基盤**です。

どうですか。問題、ありますよね？　この手の「ねじれ」は意外と盲点です。骨格チェックをすると、

目的は（主語）、**〜基盤です**（述語）。

うーん、違和感ありますね、どうでしょうか。

目的は（主語）、**〜基盤づくりです**（述語）。

なら、主語述語に違和感がないですね。

改善すると、

> **この生活者調査の目的は、商品ブランドをより強固にするための基盤づくりです。**

あるいは、

> **この生活者調査は、商品ブランドをより強固にする基盤づくりが目的です。**

と、主語をシンプルにして、述語を整理する方法もありますね（やや後ろが重い文章になりますが）。

実は、僕もたまに書いてしまってから気づくのですが、主語の名詞（例文Cでは、「目的」）を述語の名詞（「基盤」）が受ける構造のものは、なかなか悩ましく、かすかなねじれ感を残す時があります。

　名詞の選び方が大切で、たとえば、「基盤」を「準備」にするとちょっと取り合わせが良くなります。

**　この生活者調査の目的は、商品ブランドをより強固にするための準備です。**

　ま、違和感は残るというものの、完全に大丈夫なゾーンに入っている気はします。

　黒澤のチェック方法は、述語の名詞に「こと」をつけて成立するものはOKです。
　たとえば、

目的は、基盤すること。は、×。
目的は、準備すること。は、〇。

　わかりやすい方法だと思います。

私の日課は、ベランダの植物の観察です。
私の日課は、ベランダの植物の写真です。

観察すること、は、○。
写真すること、は、×。

　主語と述語のねじれは、なかなかの難敵です。取り合わせに違和感があるときは、まずは、骨格チェックを。

複文は、ねじれの宝庫。

　まずは、単文と複文の説明をします。単文とは、主語と述語がひとつずつの構造のものです。

先日のイベントは、大成功だった。

　複文は、述語のなかに主語と述語が入ったものです。普通によく見られます。

例文A

先日のイベントは、半年がかりで知恵を絞ったプランがユニークで受けが良く、大成功だった。

　主語は「先日のイベント」、述語は「大成功だった。」です。この述語のなかに、「プランが」「受けが」が入っています。「プラン」は、述語内の主語になっていますね。
　この主語述語が、複数入っている文を複文と言います。さらに複雑なのは、もうひとつ主語述語が入り込むケースも。

例文B

先日のイベントは、半年がかりで担当の学生が知恵を絞ったプランがユニークで受けが良く、大成功だった。

ちょっと複雑ですね。こんな文章、私は書かない！などと言ってはいけません。就職試験の場で、このぐちゃっとした複文は、「実に」よく見かけます。たぶん、気がつかずに書いている可能性もありそう。

複文系は僕もよく書いてしまいます。あれもこれもと思いつくままにパソコンを打っていると、あらら、複雑なことになっている！

例文Bの複文には、罠がいろいろあります。述語「半年〜大成功だった。」のなかにある、もうひとつの主語「プラン」に引きずられて起こる、たとえば以下のような文章。

例文C

先日のイベントは、半年がかりで知恵を絞ったプランがユニークで受けが良く、効果的だった。

本来の大主語である「先日のイベント」より、もうひとつの小主語「プラン」が脳のなかで主役になり、「プランが効果的だった」となっているように思います。効果的という言葉は、

「何に対して」の「何」が明示されないとややフラストレーションが溜まるものです。「イベントは、効果的だった」となると微妙に、他社より？ 予算の割に？ 例年より？ と突っ込みたくなる感じがあります。

さて、例文Bに戻ります。先ほどは指摘しませんでしたが、複文構造では、連続した助詞の使い方が生まれてくることがあります。例文Bをもう一度。

例文B

先日のイベントは、半年がかりで担当の学生が知恵を絞ったプランがユニークで受けが良く、大成功だった。

「担当の学生が」「プランが」「受けが」の3連続「が」は、やはり気になるところ。意味のわかりづらい、頭が良くない印象を与えるので、明らかに損です。

それもこれも、複文構造のなせるわざ。複文は、複雑な問題を起こします。そのことを念頭に置きながら書きましょう。
そういう私も、勢いで書いていると時々、この助詞「が」「の」の連発をしてしまいます。何か、不思議なリズムに魅入られて（笑）。
では、例文Bを改善してみましょう。

> 先日のイベントは、大成功だった。その理由は、担当の学生が半年がかりで知恵を絞ったプランがユニークだったからだ。

　どうです？　すっきりしましたよね。「半年がかりで」は「知恵を絞った」を修飾しているので、ルールどおりに近づけました。
　いろんな改善の仕方がありそうですが、使えるのがセンテンスをふたつに分ける方法。複雑な構造をシンプルにしてあげることで、ぐちゃぐちゃ感がなくなります。

　センテンスは、60文字が基本の長さ。一気に読める文字数は、70文字〜75文字程度。
　複文構造であるがゆえに、長いセンテンスになると、読みづらさが増大します。
　シンプルはとても大事です。困ったら、シンプルにせよ！ が鉄則です。

　では、例文を。

例文D

> 社内アンケートをしましたが、注目すべきなのは、社員の働くモチベーションを、質問したところ、お金のためがいちばん高い比率で、自分の成長のためがいちばん低い比率

になったことです。

およそ85文字くらいのセンテンスですが、ごちゃごちゃ感ありますね。その原因は、
①まず一気に読める長さではないこと。
②主語と述語が複雑に組まれていて構造がわかりにくいこと。
③長さゆえの必然として、「、」が多くなっていること。
こんなときは、2文に分けるべし！ が鉄則です。
　では、改善。

社内アンケートで、社員の働くモチベーションを質問したところ、注目すべき結果が出ました。なんと、お金のためがいちばん高く、自分の成長のためがいちばん低い比率になりました。

どうですか。すっきりしましたよね。2文のつなぎで、「なんと」を入れさせていただきました。
　書くとき、人は夢中になってしまいがちです。そうすると、複雑な複文が生まれ、助詞の連続も生まれがちです。センテンスは必要以上に長くすると、いいことはなくなりますので、注意が必要です。
　長いセンテンスばかり、複文ばかりの作文を読んでいて、「小学生の文章みたいだなぁ」と思うこともありました。あなたの知力、コミュニケーション力が曇って見えますので気配りをしてください。

ねじれを起こす、やっかいな副詞・接続詞。

　代表格のひとつが、「必ずしも」です。語尾が「〜でない」の否定形で終わるのが、ルールです。すごいですね、短い副詞の立場なのに文全体の構造を決めてしまうわけです。

必ずしも、間違いである。　×
必ずしも、間違いではない。　○

同じく、否定形とペアになるものとして、「ぜんぜん」「全然」があります。

ぜんぜん、おもしろい。
ぜんぜん、おもしろくない。　○

「ぜんぜん」は、否定形もしくは否定の意味がある言葉で文章を閉じるのが従来のルールです。「ぜんぜん、ダメです」とか。ところが、最近、若者を中心に、「ぜんぜん、いいじゃん！」というふうに、単純に強調の意味で使われることも増えてきました。言葉の使い方も、時代とともに変わります。この本では、否定形で使うのが従来の使われ方だが、今は否定形でなくても使えるようになってきている。ということをルールにしましょう。その他にも、

あたかも

あたかも、鬼軍曹だった。✕
あたかも、鬼軍曹のようだった。〇

　なにとぞ

なにとぞ、使用してください。✕
なにとぞ、使用させてください。〇

　別に

別に、考えている。△
（「別」が、「他」の意になっている場合は〇）
別に、考えていないわけではない。〇

　あながち

あながち、嫌いだ。✕
あながち、嫌いではない。〇

　いまだ　　　いまだに

いまだ、完成している。✕
いまだ、完成していない。〇

いまだ、未完成だ。△

「いまだ、未完成だ。」は、「いまだ」の漢字表記は「未だ」のため、重複表記と言われ、できるだけ避けることになっています（→あとの項でまた説明します）。

ぜひ

ぜひ、メンバーに加える。×
ぜひ、メンバーに加えたい。○

なぜなら（ば）

なぜなら、品質が良かったのだ。×
なぜなら、品質が良かったからなのだ。○

　接続詞「なぜなら」は、かなり要注意です。理由を表す「〜から」「〜だから」「〜ゆえに」という言葉と呼応して使われます。

　このように、一部の副詞（接続詞）には、否定形などの定型をともなうことがあるので、うっかりしやすいもの。初歩的なことですが、書き手がみなさんのように若いほど、つい「ねじれ」を起こすケースが多いようです。

「の」「が」の連発は、子供チック。

　知ってはいても、やってしまうのが、助詞の連発。特に、「の」「が」は、何回出てきてもあまり気にならないライトな助詞なので、やってしまいます。

例文A

私のチームの田中さんがキーボードを叩くときのくせが、おもしろい。

　思い当たりますよね、こんな「の」「の」「の」の連発。「の」の存在がライトなだけに、読んでもそんなに気にならなかったりして。でも、ここはちゃんと気にしたいもの。
　小さな子供がこの連発技をよくやります。
「アタシのクラスの〜田中さんの〜ときの〜くせがおもしろいです」。

　改善例は、「の」をひとつ減らしつつ、文章を組み直して、

キーボードを叩くとき、同じチームの田中さんのくせが、おもしろい。

でしょうか。

「が」も同様。

例文B

> 日本が急激に、外国人観光客が増えているのが、経済にいい影響を与えている。

ま、意味はわかるので、問題ないと思う人もいるでしょう。しかし、こういった文章を、ひとつの作文のなかにいくつも並べられると読み手はいささかげんなりします。

これも、言葉の順番も入れ替えつつ、改善。

> 急激な外国人観光客の増加が、日本の経済にいい影響を与えている。

で、どうでしょう。シンプルに伝わってきますね。

悩み その7 重複語になりやすい言葉に、要注意。

「が」「の」の他にも、僕の経験では「という」「といった」「〜いう」も、よく重複で書いてしまいます。一文だけではなく、連続した文章で、です。これは、くせのようなもので、つい多く使ってしまい、見返して頻出している場合、修正をします。同じ言葉ばかり出てくると、読み手が意識してないにもかかわらず、こっそり「共感」レベルは下がります。

例文

今や、消費者というターゲットをとらえるとき、機械的なマーケティング調査ではなく、ひとりひとりの生活への思いや感性ということを考える必要がある。○×やイエスノーといった手法ではない、新しい調査手法が求められていると思う。そういう意味で、消費者ではなく、生活者の時代なのである。

これは実際、僕が書いた文章です。世の中に出る前のものですが。

問題ないと思う方が多いかもしれませんね。しかし、「という」「といった」「そういう」が多く出てくるのに注目してください。書き手としては気になります。見直すと、実は省いても

いい、「〜いう」が多いのです。ちょっと省いてみましょう。

> **今や、消費者というターゲットをとらえるとき、機械的なマーケティング調査ではなく、ひとりひとりの生活への思いや感性を考える必要がある。○×やイエスノー手法ではない、新しい調査手法が求められていると思う。消費者ではなく、生活者の時代なのである。**

4つのうち、3つを省きましたが、まぁ、なくても、すんなり文意が通っています。シンプルになってかっちりとした印象を与えるようになりました。

ただし、ある女性の方から「〜という、表現が好きです」と言われたことがあります。つまり、「消費者という」の言い方は、「消費者」を指し示すとき、少し表現としてマイルドにしているんですね。クッションが入っている分、好き、という話なのです。ここらへんは、とても難しい問題です。

文章は、社会の共通認識をもとに理解されるものですが、書き手の個性的な認識が、感動を生むチカラにもなっています。文章とは、「みんなのもの」であり、「その人のもの」でもあります。

その人のものだからと言って、ルールを曲げると、何を書いているかわからなくなる。もしくは、意味が伝わりづらくなります。

一方で、みんなのものだからと言って、個性を排してしまう

と、つまらない、主張のない文章になります。

　僕はこの関係を、レールと電車にたとえるとわかりやすいと思っています。レールは新幹線などいくつかの規格がありますが、それぞれは共通のものです。共通でないと、電車は遠くまで走れません。速くも走れません。しかし、その上を走る電車は、本当に個性的だし、いろいろなデザインがあります。もし、電車がすべて同じふうに造られているとしたら、おもしろくないですね。

　若いみなさんは、まずはあなたらしさを走らせるレールの規格を学ぶべきです。勘違いして、レールを造り替えないようにしてくださいね。

同音で似た意味の漢字を チョイスする時。

　実際、受けた質問です。「ある言葉を使いたいのですが、どの漢字を当てたらいいでしょうか」。その言葉とは「もと」。わかりにくいかもしれませんね、では具体的に。

例文

> チームのみんなの投票で人気が高かった曲をもとに、イベントのBGMを私が編集しました。

　さて。この時の「もと」はどの漢字でしょうか、というお話です。国語の試験っぽいのですが、元・素・基・本・下、これ全部が「もと」です。わかんないから、平仮名でいいんじゃない、などと言わないで考えましょう。

　本と下はどうも違いますね、そもそも現代ではこのふたつの漢字を「もと」とは読まなくなってきてもいます。では、どれか。

　迷った時に、おすすめするのが、漢字2文字をその場所に当ててみる方法です。やってみましょう。

「元」は「元祖」としてみる。
「素」は「素材」としてみる。

「基」は「基本」としてみる。

　この2文字に変換するとき、一文字の時の意味をあまり変えないようにし、当てはめて意味がつながるようにします。

人気が高かった曲を元祖に……×
人気が高かった曲を素材に……○
人気が高かった曲を基本に……○

「素」と「基」が、意味がつながります。

　チームのみんなの投票で人気が高かった曲を素に、イベントのBGMを私が編集しました。

　チームのみんなの投票で人気が高かった曲を基に、イベントのBGMを私が編集しました。

両方ありだと考えます。

　この悩みで頻出するのが、「はじめ」「はじめて」です。
たとえば、次の文に「初」か「始」を当てるとしたら。

はじめは誰でも失敗しがち。
はじめ良ければすべて良し。

はじめまして。お会いできてうれしいです。
はじめての体験でした。
走りはじめた。

　本当に悩ましい漢字ですね、「初」と「始」。書いていてわけがわからなくなることもあります。ここでも、漢字2文字の当て込み作戦は、使えます。2文字を「最初」と「開始」としてやってみましょう。

最初は誰でも失敗しがち……○
開始は誰でも失敗しがち……△
最初良ければすべて良し……○
開始良ければすべて良し……△
最初です（はじめまして）……○
開始です（はじめまして）……×
最初の体験でした……○
開始の体験でした……△
走りを最初した……×
走りを開始した……○

となります。
　辞書によれば、「初」は、時間的なことに使い、「始」は、事柄について使うと書かれています。しかし、実際はかなりグレーゾーンがある漢字です。

初めは誰でも失敗しがち。(時間的な、はじめ)
始めは誰でも失敗しがち。(事柄の、はじめ)

はどちらでも成立しています。

「はじめまして」は、時(最初)についてですから、「初めまして」になりますね。「始まる」(開始)はありますが、「初まる」はありません。そこは、間違えないようにしたいものです。
　当て込む漢字に迷ったら、この漢字2文字作戦を試してみてください。

おわりに

　深夜、着信メールの音がする。「先生、〇〇から内定をいただきました‼」。まず飛び込む、喜びの文字。うれしくて誰かに伝えたくて、相談相手のひとりだった僕にも、その伝えたい！が届く。「おめでとう‼」。僕も伝え返す。

　この10数年、大学の講師をやっていた関係もあり、数多くの学生たちと接してきた。3年、4年ともなれば、就活のドラマが激しく繰り広げられる。学生から社会人へ。その変化はまさに人生の大転回だ。うまくいかない子は悩み、友達が次々に内定をもらって喜びを爆発させるのを、おめでとうと言いながらも、不安の渦をますます胸に広げてゆく。自分を信じられなくなる、その痛切な体験。ひとりぼっちで暗闇で声を出そうとしても声が出せないような感覚。

　一方で、採用側で実に数多くの就活生と接し、その学生たちがやがて入社し、育ってゆくのも見てきた。入社1、2年。伸びる子と伸び悩む子。

　そんな経験から、うまくいく子には共通の「素質」があるのがわかる。それは、「ポジティブな感受性」ということだ。

　「早く社会に出て自分を試したいんです。ワクワクします」。そう言っていた女子学生は、成績が飛び抜けてはいないものの、次々と難関企業をパスしていった。多くの学生が「就活、不安

です。大学を去るのもちょっと淋しいです」と言っているなかで。

　就活には、文章を書くといういちばん初めの関門がある。通過できなければ、せっかく買ったリクルートスーツも役に立たない。そんな関門を「ポジティブな感受性」を持った学生たちは、良く準備し、自分を掘り下げ、強い意思を、文章にぶつける。

　多少つたなくても、その文章は伝わり、動かす。人間とはそういうものなのだ。

　この本では、スキルや技法も書いたが、就活に向かう「負けないマインド」を持てるようにも書いた。多くの就活生、20歳を迎えた若者たちのお役に立てればと思っている。

　また、就活は仕組みとしてさまざまな問題もかかえている。たとえば、就活解禁日の設定にしても、サイレントお祈りにしても、企業、経団連、教育機関などが、学生たちの思いを汲み取り、改善してゆくべきポイントもあるだろう。

　最後に。文章を書くことは社会人になれば必須のスキルになってゆく。みなさんのライティング生活は、就活をきっかけに始まったばかりなのだ。人生は、文章力と深い関係がある。そのことを覚えておいてほしいと思う。

参考文献

多田道太郎「文章術」(潮文庫)

安本美典「説得の文章術」(宝島社文庫)

本田勝一「日本語の作文技術」(朝日文庫)

丸谷才一「文章読本」(中央公論社)

共同通信社「記者ハンドブック 第12版 新聞用字用語集」(共同通信社)

大野晋・田中章夫「角川必携国語辞典」(角川書店)

サイモン・シネック「WHYから始めよ!」(日本経済新聞出版社)

西尾太「人事の超プロが明かす評価基準」(三笠書房)

黒澤 晃
Akira Kurosawa

横浜生まれ。東京大学国史学科卒業。1978年、広告会社・博報堂に入社。コピーライター、コピーディレクターを経て、クリエイティブディレクターになり、数々のブランディング広告を実施。日経広告賞など、受賞多数。2003年から、マネージメントを手がけ、博報堂クリエイターの人事、新卒・中途採用、教育を行う。多くのクリエイターを育成した。2013年退社。黒澤事務所を設立。東京コピーライターズクラブ(TCC)会員。マスナビでの就活生向けセミナー「文章塾」が黒澤塾として好評。著書「これから、絶対、コピーライター」

本当は目立ちたがり屋なのに
でも恥ずかしがり屋で、
こんなめんどくさい
私に向いてる仕事って
ありますか。

広告業界って、面白いかも。

広告・Web・マスコミをめざす
学生のための就職応援サイト
サービスは完全無料！まずは登録。

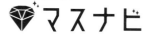
massnavi.com

- 年間300回以上の業界研究・選考対策セミナーを開催！参加費無料。
- マスナビだけの企業情報・エントリーが多数！
- 適職診断・業界ニュース・広告会社ランキングなどお役立ちコンテンツが満載！

広告界とともに— 宣伝会議グループ
株式会社マスメディアン マスナビ事務局
〒107-0062 東京都港区南青山3-11-13 新青山東急ビル9階
TEL:03-5414-3010
E-MAIL: massnavi@massmedian.co.jp
〈東京〉〈名古屋〉〈金沢〉〈大阪〉〈福岡〉

Operated by
MASSMEDIAN

厚生労働大臣許可番号
人材紹介 13-ユ-040475 人材派遣 派13-040596

マスナビBOOKS

就活でどうしても会いたいテレビ人24人への
OB・OG訪本

ちょっとやそっとじゃ会えない凄い先輩方へのインタビューを敢行し、本を通じてのOB・OG訪問を実現。今回は、NHK、日本テレビ、TBS、テレビ東京、フジテレビ、読売テレビ、北海道テレビ、テレビ埼玉、TOKYO MXであの人気番組を制作する24人のテレビ人に、学生時代の就職活動、テレビの仕事、テレビへの思い、テレビのこれからを聞きました。

一般社団法人 未来のテレビを考える会 編著　本体：1,400円＋税
ISBN 978-4-88335-347-7

これから、絶対、コピーライター

コピーライターになりたい人を、コピーライターにする本。
あの広告会社で、多くのコピーライターを
採用、発掘、教育してきた著者が
門外不出であったコピーライターになるための方法を初公開。
コピーライターのすべてがわかる入門書。

黒澤晃 著　本体：1,400＋税　ISBN 978-4-88335-344-6

就職、転職の役に立つ
デジタル・IT業界がよくわかる本

「IT」「デジタル」「インターネット」などわかっているようで、理解していない言葉を一から丁寧に解説。また、「Google」や「アップル」などIT大手企業の成り立ちと、ビジネスモデルを説明した上で、今後のIT産業の展望まで言及。デジタル・IT業界のすべてを「とにかく、丁寧に、世界一わかりやすく」こだわって紹介した、いままでにない一冊。

志村一隆　本体1,200円＋税　ISBN 978-4-88335-355-2

クリ活
広告クリエイターの就活本

あの有名なクリエイターたちは、どのような就活をしていたんだろう。
あの会社に入った人たちはどんな作品をつくっていたんだろう。
この作品をつくった会社は○○っていうのか！みたいな、
アートディレクター・デザイナーを目指す学生が
就職活動の上で気になる情報を、とにかく集めた本。

井本善之 著　本体：2,000円＋税　ISBN 978-4-88335-288-3

宣伝会議の書籍

広告のやりかたで就活をやってみた。

マスナビの人気講座「広告式就職活動」が書籍化!
大手広告会社で活躍する若手プランナー2名が、広告制作の
ポイントを紐解くことで、「伝わる就職活動」を実践的に解説。
新しい発想を就活に取り入れた、マニュアル本と
一線を画した就活読本です。就活のツボ20も一挙公開。

小島雄一郎、笹木隆之 著　本体:1,400円+税
ISBN 978-4-88335-253-1

なぜ君たちは就活になるとみんな同じようなことばかりしゃべりだすのか。

なぜ君たちは、就活になるとみんな同じようなことばかり
しゃべりだすのか。そんな疑問を抱いた6人の広告プランナーが
作り上げた自己分析や面接対策の実践本。
ジブンの本当の価値を伝える技術を指南します。

小島雄一郎、笹木隆之、西井美保子、保持壮太郎、吉田将英、大来優 著
本体:1,400円+税　ISBN 978-4-88335-323-1

広告界就職ガイド

内定のポイントは、早い情報収集と、
業界や仕事の正しい理解にあります。若手〜中堅社員への
インタビューで構成する職種別仕事研究などを通して
仕事の理解が深まります。
主要各社の採用情報・最新企業データも収録。

宣伝会議 編　本体:1,700円+税　ISBN 978-4-88335-346-0

希望をつくる仕事　ソーシャルデザイン
アイデアは地球を救う。

継続的に社会課題と関わっていくきっかけを作り、社会をよくする
システムを作るのがソーシャルデザイン。社会に働きかけたい人、
社会をよくしたいという思いを抱いている人に贈る1冊。表紙は井上雄彦。

ソーシャルデザイン会議実行委員会 編著
電通ソーシャル・デザイン・エンジン 監修　本体:1,500+税
ISBN 978-4-88335-274-6